MENORES Y DELITOS

MENORES Y DELITOS

Alfredo Abadías Selma
Profesor contratado Doctor en Derecho Penal y Criminología
Universidad Internacional de La Rioja Unir
Grupo de investigación Penalcrim

COLEX 2023

© Editorial Colex, S.L.
Calle Costa Rica, número 5, 3.º B (local comercial)
A Coruña, C.P. 15004
info@colex.es
www.colex.es

I.S.B.N.: 978-84-1359-793-5
Depósito legal: C 195-2023

A: Toți, Fiskus, Petit, Dark, Nora, Rocky, Nano, Crisi y al gran MAC.

SUMARIO

TEMA I.

DELITOS PATRIMONIALES PERPETRADOS POR MENORES

DELITOS CONTRA EL PATRIMONIO Y EL ORDEN SOCIOECONÓMICO

Introducción y objetivos

HURTO	MODALIDADES DE DELITO DE ROBO	EL ROBO Y HURTO DE USO DE VEHÍCULOS DE MOTOR
Hurto básico	Robo con fuerza en las cosas	Sin ánimo de apropiárselo
Hurtos agravados	Robo con violencia o intimidación	Restitución directa o indirecta Un plazo no superior a 48 horas

1. Introducción y objetivos

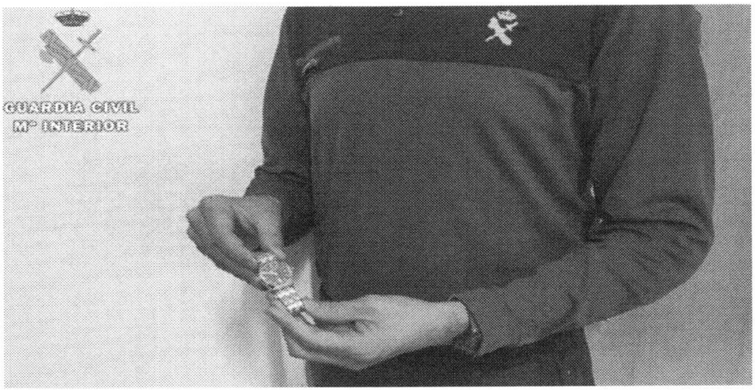

Fuente: https://bit.ly/3txGeBA

La Guardia Civil de Cantabria, ha procedido a la **detención de ocho menores**, con edades comprendidas entre **los catorce y diecisiete años de edad**, como presuntos autores de un robo perpetrado en el interior de un chalet situado en una urbanización de la localidad de Liencres.

El pasado día ocho de noviembre, un vecino de la localidad de Liencres, interpuso ante la Guardia Civil una denuncia en la que narraba como personas desconocidas habían entrado en su domicilio y sustraído diversos efectos. Se trata de un chalé ubicado en una urbanización de la citada localidad.

Personados los investigadores al lugar, observaron el cristal de la puerta de acceso al salón de la vivienda fracturado. Presuntamente, el o los autores, habrían saltado el muro perimetral del chalé, para posteriormente, con algún objeto contundente, romper la mencionada ventana.

Una vez en el interior del domicilio, los delincuentes, sustrajeron diferentes objetos, tales como dos relojes, dos teléfonos móviles, herramienta, una *tablet*, una bicicleta, un ordenador y una cámara de fotos. Todo ello valorado en más de 10.000 €.

Para saber más, accede a la siguiente dirección web:

https://bit.ly/3txGeBA

Los delitos contra el patrimonio y el orden socioeconómico están comprendidos en el título XIII del libro del CP que engloba catorce capítulos.

Con la tipificación de estos delitos se pretende proteger el **patrimonio**. Por otra parte, el artículo 33 de la Constitución española preceptúa que:

> «Se reconoce el derecho a la propiedad privada y a la herencia. La función social de estos derechos delimitará su contenido, de acuerdo con las leyes. Nadie podrá ser privado de sus bienes y derechos sino por causa justificada de utilidad pública o interés social, mediante la correspondiente indemnización y de conformidad con lo dispuesto por las leyes».

Los delitos contra el patrimonio y el orden socioeconómico son los que mayor criminalidad generan en España (Abadías Selma, 2022).

Los objetivos de aprendizaje de esta unidad son los siguientes:

- ➔ Estudiar los diferentes tipos de hurto.
- ➔ Distinguir las distintas modalidades de robo.
- ➔ Diferenciar la violencia y la intimidación.
- ➔ Tratar sobre el delito de robo y hurto de uso de vehículos a motor.

2. Hurto

Tradicionalmente, el concepto de **menor infractor** iba asociado necesariamente a menor procedente de barrios o zonas desfavorecidas, de etnia gitana, con bajo o nulo aprovechamiento escolar, con familiares en prisión, etc. Actualmente y basándonos en diferentes estudios doctrinales y en las memorias de la Fiscalía General del Estado, el perfil del menor infractor ha evolucionado con menores procedentes de familias normalizadas que están integrados socialmente.

Son adolescentes que han desviado sus referencias vitales hacia estilos de vida de riesgo, asumiendo valores marginales y el discurso de la delincuencia como definición de su propia vida (Germán Mancebo y Ocáriz Passevant, 2009).

Es importante que antes de tratar los distintos tipos de delitos que atacan al patrimonio, sentemos las bases acerca de una serie de conceptos fundamentales, que son (Abadías Selma, 2022):

➔ **El patrimonio:** Según el Diccionario de la RAE, y concretamente en su acepción 4.ª referida al derecho es el: «Conjunto de bienes pertenecientes a una persona natural o jurídica, o afectos a un fin, susceptibles de estimación económica». Hemos de añadir que este concepto incluye la posesión y otros derechos reales y obligaciones sobre cosas o entidades corporales o incorporales.

- Se trata de una riqueza que puede pasar de padres a hijos y de generación en generación a través de diferentes instrumentos jurídicos, o bien ser alienado en favor de alguien externo a una familia. De aquí frases como «ha vendido todo su patrimonio para operar a su hijo...».

➔ **Cosa mueble:** Es cualquier objeto del mundo exterior susceptible de apoderamiento y de desplazamiento por el hombre. Sin embargo, el Código Penal nos habla en su art. 237 (delito de robo) de «cosas muebles ajenas», siendo esta una realidad diferenciada de lo que sería el concepto de cosa mueble ligada a nuestro Código Civil. Entre las cosas muebles se comprenden también, y aunque pueda sorprender, a los animales (Muñoz Conde, 2017).

- Se ha de señalar la reforma del régimen jurídico de los animales motivada por la Ley 17/2021, de 15 de diciembre, de modificación del Código Civil que reconoce su cualidad de seres vivos dotados de sensibilidad. A través de esta modificación se reconoce el importante principio de que la naturaleza de los animales es distinta de la naturaleza de las cosas o bienes, lo que no excluye que en determinados aspectos se aplique supletoriamente su régimen jurídico (BLASCO HEDO, 2022)

➔ **Ánimo de lucro:** lucrum es sinónimo de «provecho», ganancia en sentido amplio obtenido de cualquier operación. Pero centrándonos en el derecho penal, sería la intención de una persona de incrementar su patrimonio u obtener cualquier otro provecho mediante un acto jurídico ilícito.

Es importante remarcar que la excusa absolutoria del art. 268 CP lo es para **todos los delitos contra el patrimonio y el orden socioeconómico**.

«1. Están **exentos de responsabilidad criminal** y sujetos únicamente a la civil los cónyuges que no estuvieren separados legalmente o de hecho o en proceso judicial de separación, divorcio o nulidad de su matrimonio y los ascendientes, **descendientes** y hermanos por naturaleza o por adopción, así como los afines en primer grado si viviesen juntos, por los delitos patrimoniales que se causaren entre sí, siempre que **no concurra violencia o intimidación**, o **abuso de la vulnerabilidad** de la víctima, ya sea por razón de edad, o por tratarse de una persona con discapacidad.

2. Esta disposición no es aplicable a los extraños que participaren en el delito».

➔ Disposiciones comunes

- A los menores no se les atribuyen penas, **son medidas educativas** que se imponen conforme a lo establecido en el art. 7 LORPM, atendiendo especialmente a la edad, circunstancias familiares y sociales, la personalidad y el interés del menor. Subraya CERVELLÓ DONDERIS (2009, p.24) que, en el ámbito de la responsabilidad penal de los menores, «lo importante no es tanto el delito cometido por el menor, sino la medida que más le interesa para sus necesidades educativas». Motivo por el cual en el presente tema no se indicarán las penas (medidas) de los delitos. Recomendamos para el estudiante que desee adentrarse más en la materia la obra de ABADÍAS SELMA con el título *Derecho penal. Parte especial, temas prácticos para su estudio*, 2022. 2.ª Ed. A Coruña, Editorial Colex.

Fuente: Elaboración propia a partir de datos extraídos del INE 2020

El hurto constituye el tipo básico a de los delitos de sustracción en los que se integran también los delitos de robo. Hemos de concretar que el CP vigente sigue la tradición de nuestro derecho penal de distinguir, por razón del valor de la cosa sustraída, entre el delito menos grave de hurto y el delito leve de hurto.

El artículo 234 del CP preceptúa que:

Artículo 234

«1. El que, con ánimo de lucro, tomare las cosas muebles ajenas sin la voluntad de su dueño será castigado, como reo de hurto, con la pena de prisión de seis a dieciocho meses si la cuantía de lo sustraído excediese de 400 euros.

2. Se impondrá una pena de multa de uno a tres meses si la cuantía de lo sustraído no excediese de 400 euros, salvo si concurriese alguna de las circunstancias del artículo 235. No obstante, en el caso de que el culpable hubiera sido condenado ejecutoriamente al menos por tres delitos comprendidos en este Título, aunque sean de carácter leve, siempre que sean de la misma naturaleza y que el montante acumulado de las infracciones sea superior a 400 €, se impondrá la pena del apartado 1 de este artículo.

No se tendrán en cuenta antecedentes cancelados o que debieran serlo.

3. Las penas establecidas en los apartados anteriores se impondrán en su mitad superior cuando en la comisión del hecho se hubieran neutralizado, eliminado o inutilizado, por cualquier medio, los **dispositivos de alarma o seguridad** instalados en las cosas sustraídas».

Con efectos de 29 de agosto de 2022 se modificó el apartado 2, por la disposición final 6 de la Ley Orgánica 9/2022, de 28 de julio. En su preámbulo expone que es para dar una respuesta adecuada a los casos de multirreincidencia. Ello fue necesario ya que, si bien la regulación actual prevé expresamente la posibilidad de aplicar una modalidad agravada del delito de hurto cuando el autor es multirreincidente, el Tribunal Supremo considera que esta posibilidad debe reservarse para los casos en que los delitos de hurto cometidos con anterioridad superan los 400 euros, pues de lo contrario se produciría un desproporcionado salto punitivo entre las penas prevista en el art. 234.2 del CP y la pena prevista en el art. 235.1.7.ª del CP. Esta regulación supone dar una respuesta penal para aquellos delitos que están siendo objeto de una creciente preocupación por afectar no solo al turismo, al comercio y a la economía en general sino también a la propia seguridad de los ciudadanos.

➔ **Acción punible:** apoderarse de cosas muebles **ajenas, sin violencia o intimidación** en las personas ni fuerza en las cosas, pues de lo contrario estaríamos ante el delito de robo. El concepto de ajenidad es un concepto jurídico civil, y hay que entender que es la no pertenencia de esa cosa a un sujeto. Según LIÑÁN LAFUENTE (2017, p. 147), «la conducta típica conlleva un resultado, que es la plena disponibilidad de la cosa como si se fuera el dueño. Ha de haber una acción de apoderamiento ilícita».

- Es posible incurrir en error sobre la ajenidad del bien inmueble. Estaríamos ante un error vencible o invencible de tipo que excluiría la responsabilidad criminal ex art. 14 CP:

  «El **error invencible** sobre un hecho constitutivo de la infracción penal excluye la responsabilidad criminal. Si el error, atendidas las circunstancias del hecho y las personales del autor, fuera **vencible**, la infracción será castigada, en su caso, como imprudente.

2. El error sobre un hecho que cualifique la infracción o sobre una circunstancia agravante, impedirá su apreciación.
3. El error invencible sobre la ilicitud del hecho constitutivo de la infracción penal excluye la responsabilidad criminal. Si el error fuera vencible, se aplicará la pena inferior en uno o dos grados».

➜ **Bien jurídico protegido**: es la posesión, que según la RAE en su acepción 6.ª dedicada al derecho es la: «situación de poder de hecho sobre las cosas o los derechos, a la que se otorga una protección jurídica provisional que no prejuzga su titularidad».

➜ **Sujeto activo**: puede ser cometido por cualquier persona, y es por ello que es un delito común. En el tema que estamos tratando serán menores de edad. Cabría la autoría mediata a través de un instrumento no doloso, cuando, por ejemplo, valiéndose de un tercero que no sabe nada, toma y entrega la cosa al sujeto activo creyendo que este es su dueño (Muñoz Conde, 2017).

➜ **Sujeto pasivo**: puede ser cualquier persona, con la salvedad señalada en relación con el art. 268 CP.

➜ **Consumación**: se consuma cuando se ha alcanzado la disponibilidad real y efectiva de la cosa que se ha hurtado. El hecho de no llegar a tocar la cosa, o el apoderamiento material sin disponibilidad, porque, por ejemplo, el ladrón es sorprendido in fraganti o porque es seguido de persecución ininterrumpida, constituyen **tentativa**.

➜ **Tipo subjetivo**: en el hurto ha de existir el elemento volitivo y el cognitivo del dolo, pues se actúa y se busca el ánimo de lucro.

➜ **Concurso**: la pluralidad de hurtos realizados en diverso tiempo y lugar deberá estimarse como un **concurso real de delitos**, pero si era único el propósito que animaba al sujeto activo, cabría apreciar un **delito continuado**, considerando las diversas sustracciones como un solo delito y castigando por la cuantía total de lo que se ha sustraído, conforme a lo dispuesto en el art. 74 CP que indica:

«2. Si se tratare de infracciones contra el patrimonio, se impondrá la pena teniendo en cuenta el perjuicio total causado. En estas infracciones el Juez o Tribunal impondrá, motivadamente, la pena superior en uno o dos grados, en la extensión que estime conveniente, si el hecho revistiere notoria gravedad y hubiere perjudicado a una generalidad de personas».

➜ No cometerá delito el que toma la cosa con autorización de su dueño.

Hurtos agravados

A tenor del art. 235 CP tiene un **mayor castigo** el hurto cuando:

«1.° Cuando se sustraigan cosas de valor artístico, histórico, cultural o científico.
2.° Cuando se trate de cosas de primera necesidad y se cause una situación de desabastecimiento.
3.° Cuando se trate de conducciones, cableado, equipos o componentes de infraestructuras de suministro eléctrico, de hidrocarburos o de los servicios de telecomunicaciones, o de otras cosas destinadas a la prestación de servicios de interés general, y se cause un quebranto grave a los mismos.

4.° Cuando se trate de productos agrarios o ganaderos, o de los instrumentos o medios que se utilizan para su obtención, siempre que el delito se cometa en explotaciones agrícolas o ganaderas y se cause un perjuicio grave a las mismas.

5.° Cuando revista especial gravedad, atendiendo al valor de los efectos sustraídos, o se produjeren perjuicios de especial consideración.

6.° Cuando ponga a la víctima o a su familia en grave situación económica o se haya realizado abusando de sus circunstancias personales o de su situación de desamparo, o aprovechando la producción de un accidente o la existencia de un riesgo o peligro general para la comunidad que haya debilitado la defensa del ofendido o facilitado la comisión impune del delito.

7.° Cuando al delinquir el culpable hubiera sido condenado ejecutoriamente al menos por tres delitos comprendidos en este Título, siempre que sean de la misma naturaleza. No se tendrán en cuenta antecedentes cancelados o que debieran serlo.

8.° Cuando se utilice a menores de dieciséis años para la comisión del delito.

9.° Cuando el culpable o culpables participen en los hechos como miembros de una organización o grupo criminal que se dedicare a la comisión de delitos comprendidos en este Título, siempre que sean de la misma naturaleza [...]».

➜ Audiencia Provincial de Barcelona (Sección 3.ª) Auto núm. 537/2021 de 11 de junio.

«Con respecto a la gravedad de los hechos que se atribuyen al **menor** expedientado, (...) se le atribuyen una pluralidad de intentos de sustracción verificados en diversas estaciones del metro de Barcelona, así como **hurtos** consumados en el mismo lugar, centro de sus reiteradas acciones delictivas. Todo ello configura una **continuidad delictiva** que, atendidos los importes y tasación de los objetos sustraídos, sitúa la infracción por encima de los límites cuantitativos —400 euros— de un delito leve, por lo que decaen los argumentos impugnativos centrados en la consideración de la levedad del delito de **hurto**. Tal clase de infracción, continuada, alcanza, por tanto, la consideración de un delito menos grave».

3. Robo

Los robos con fuerza realizados por menores, dejando a un lado circunstancias pandémicas, continúan en la línea de descenso de años anteriores según las Memorias de la Fiscalía General del Estado de 2021. Como excepción, en Madrid incrementaron los registros de 367 en 2020 a 332 en 2019. La explicación fue que se aprovechó durante los meses de confinamiento para forzar establecimientos cerrados o segundas residencias. Más inquieta que los robos con violencia o intimidación, aunque desciendan en su conjunto, no lo hacen de manera tan relevante como cabía esperar, teniendo en cuenta el período de confinamiento y todas las limitaciones a la libertad ambulatoria. La cifra de 3.893 asuntos registrados, aunque muy inferior a la del año anterior difiere en poco más de 50 respecto a la de 2018. La explicación a que ese descenso sea inferior al que se podía prever hay que buscarla, de nuevo, en la problemática específica que arrastran consigo los mayores núcleos de población urbana. Así, en Barcelona los asuntos registrados (665) aunque queden por debajo de los 798 de 2019 (cuando se produjo un muy preocupante incremento del +39%), están por encima de todas las cifras del lustro anterior (574 en 2018 o 554 en 2017). En Madrid el descenso es bastante liviano (apenas 50 menos). Pero en Las Palmas de Gran Canaria, donde ya se habían duplicado el año anterior, incrementan ahora de 112 a 166. En Asturias no han dejado de crecer en los últimos tres años (47 en 2018; 61 en 2019 y 93 en 2020), aunque el Sr. Subdelegado del Gobierno de esta provincia concentra el problema en dos grupos de jóvenes ya internados, lo que ha provocado que en un centro determinado se haya duplicado el número de ingresados, desde los 20 a los 40 (FGE, 2021).

Fuente: Elaboración propia a partir de datos extraídos del INE 2020

Según el artículo 237 CP:

> «Son reos del delito de robo los que, con ánimo de lucro, se apoderaren de las **cosas muebles ajenas** empleando **fuerza en las cosas** para acceder o abandonar el lugar donde éstas se encuentran o **violencia o intimidación** en las personas, sea al cometer el delito, para proteger la huida, o sobre los que acudiesen en auxilio de la víctima o que le persiguieren».

➜ **Acción punible**: la diferencia con el hurto está en el medio empleado para el apoderamiento, ya que el hurto se tipifica precisamente por la no concurrencia de fuerza en las cosas o violencia o intimidación en las personas.

➜ **Bien jurídico protegido**: es la posesión, igual que en el hurto.

➜ **Tipo subjetivo**: ha de existir ánimo de lucro, y por lo tanto son acciones dolosas.

Se ha de destacar que la comisión de un hurto o de un robo puede producirse también en cosas que son ilegales, es decir, en res extra commercium, como por ejemplo un alijo de droga, y así lo expresa nuestra jurisprudencia:

STS de 7 de junio de 2012 (RJ 2012\7516).

> «En cuanto a la posibilidad de considerar delito de robo la sustracción de drogas empleando fuerza en las cosas, la jurisprudencia de esta Sala ha entendido que el que los objetos sustraídos sean de ilícito comercio no impide la calificación de los hechos como robo».

Y en este sentido también las SSTS. 21-6-82 (RJ 1982, 3565) y 26-11-84 (RJ 1984, 415) que indican que ello ocurre con las drogas o estupefacientes, que pueden ser objeto de los delitos de hurto y robo, aunque su tenedor lo sea ilegalmente o contrario a la norma legal, en cuanto que es materia susceptible de propiedad, y ello implica el carácter ajeno que tiene para el sujeto activo de la infracción.

Robo con fuerza en las cosas

A tenor del artículo 238 CP:

Son reos del delito de robo con fuerza en las cosas los que ejecuten el hecho cuando concurra alguna de las circunstancias siguientes:

1.º Escalamiento

Se entiende que es la entrada en el lugar del robo por una vía que no es la destinada al efecto. También entra en el ámbito del mismo emplear escalamiento para abandonar el lugar después de la sustracción de la cosa. Podemos pensar aquí en una entrada por la chimenea de una casa, que no es el lugar normal de entrada o salida. No se requiere que exista fuerza física especial, sino solo la necesaria, pero que suponga un esfuerzo.

Según el magistrado Soto Nieto (2002, p. 1):

> «Cuando el poseedor se cree tranquilo por encontrarse la cosa a recaudo, la malintencionada astucia del agente da al traste con las usuales previsiones de aquél. Se abaten las defensas u obstáculos con que se contaba presupuestas en una civilizada convivencia. Reducir el escalamiento a la acción de "trepar", en su acepción más vulgar, supone una limitación inadmisible».

2.º Rompimiento de pared, techo o suelo, o fractura de puerta o ventana.

Es la llamada «fractura exterior», y por fractura de puerta o ventana debe entenderse también la de la cerradura por frágil que sea o incluso la de cristales. Puede ser cualquier rompimiento para entrar al interior del lugar cerrado, que puede ser una casa o un automóvil cerrado.

El forzar una puerta o una ventana ya se considera una fractura, y aquí se tipifica el hecho de romper o quitar cristales de una puerta, el forcejeo de la cerradura de un coche o de una casa y la fractura de un escaparate. En este tipo penal se incluyen los robos que se cometen mediante un agujero hecho en la pared **(butrón)** y también se incluye el hecho de empotrar un coche contra un escaparate **(alunizaje)**.

Sentencia Audiencia Provincial de Zaragoza 2/2014, 2 de enero de 2014:

> «El día 21 de febrero de 2013, **el menor** con ánimo de procurarse un ilícito enriquecimiento se dirigió a la vivienda deshabitada propiedad de Eulalia y saltando un muro de unos dos metros de altura para acceder al patio/corral de dicha vivienda no habitada, practicó un agujero (**butrón**) en la vieja pared anexa a la vivienda para acceder a su interior, de donde cogió el ciclomotor matrícula F....FFF con el que salió, forzando para ello desde el interior la puerta de salida de la casa».

3.º Fractura de armarios, arcas u otra clase de muebles u objetos cerrados o sellados, o forzamiento de sus cerraduras o descubrimiento de sus claves para sustraer su contenido, sea en el lugar del robo o fuera del mismo.

Es lo que se denomina «fractura interna» y en lo que se ejerce la violencia es sobre la cosa mueble u objeto en el que se encuentran las cosas que el sujeto activo quiere sustraer. Podemos pensar en los casos de arcones, cajas cerradas, cajas de seguridad, armarios cerrados, etc. Se exige que se ejerza violencia sobre una cosa mueble, susceptible de transporte, que contiene en la cosa que se pretende sustraer.

4.º Uso de llaves falsas

En el art. 239 CP se indica lo que se ha de entender como «llaves falsas», y que son:

1. Las ganzúas u otros instrumentos análogos.
2. Las llaves legítimas perdidas por el propietario u obtenidas por un medio que constituya infracción penal.
3. Cualesquiera otras que no sean las destinadas por el propietario para abrir la cerradura violentada por el reo.

A los efectos del presente artículo, se consideran llaves las **tarjetas, magnéticas o perforadas, los mandos o instrumentos de apertura a distancia** y cualquier otro instrumento tecnológico de eficacia similar. Puede darse el caso de que las llaves se tengan porque el dueño las ha prestado y el sujeto activo pasa a sustraer objetos. En este caso no hay robo, sino hurto.

5.º Inutilización de sistemas específicos de alarma o guarda

Esta circunstancia se refiere solo a los **sistemas de alarma estáticos**, que no agreden la integridad de los que pretenden saltárselos para robar. Están aquí los casos en los que el sujeto activo previamente a la entrada y para asegurarse la sustracción, manipula las alarmas, videocámaras, sensores de movimiento, etc. de una casa para que no salten.

No se incluyen aquí los casos de perros adiestrados, vallas electrificadas, armas que disparan de forma automática al detectar que alguien entra, entre otros (Muñoz Conde, 2017), pues aquí ya no serían sistemas estáticos, sino que serían activos.

Los casos en los que se inutiliza una alarma para la ropa no son robo, sino hurto del art. 234.3 CP.

➜ **Acción punible**: el apropiarse de bienes ajenos utilizando métodos que fuerzan la situación normal y habitual del estado de las cosas.

➜ **Bien jurídico protegido**: es la posesión, igual que en el hurto.

➜ **Sujeto activo**: puede serlo cualquiera (en el tema que tratamos, menores).

➜ **Sujeto pasivo**: puede serlo cualquiera.

➜ **Tipo subjetivo**: son delitos dolosos.

➜ **Consumación**: se produce la consumación en el momento en el que se ha utilizado la fuerza y se ha materializado la apropiación. Cabe aquí la tentativa.

➜ **Concurso**: El robo con fuerza en las cosas subsume habitualmente el de daños y, si concurre la cualificación de casa habitada, el allanamiento de morada.

Robos con agravamiento.

A tenor del artículo 241 CP se castiga:

> «1. El robo cometido en **casa habitada**, edificio o local abiertos al público, o en cualquiera de sus dependencias (...).
> Si los hechos se hubieran cometido en un **establecimiento abierto al público**, o en cualquiera de sus dependencias, fuera de las horas de apertura (...).
> 2. Se considera casa habitada todo albergue que constituya morada de una o más personas, aunque accidentalmente se encuentren ausentes de ella cuando el robo tenga lugar.
> 3. Se consideran **dependencias de casa habitada** o de **edificio o local abiertos al público**, sus patios, garajes y demás departamentos o sitios cercados y contiguos al edificio y en comunicación interior con él, y con el cual formen una unidad física.
> 4. (...) cuando los hechos a que se refieren los apartados anteriores revistan **especial gravedad**, atendiendo a la forma de comisión del delito o a los perjuicios ocasionados y, en todo caso, cuando concurra alguna de las circunstancias expresadas en el artículo 235».

Hay mayor punición en los robos que incurren en **circunstancias que incrementan el desvalor** y que podríamos resumir de la siguiente forma:

a) El robo cometido en **casa habitada, edificio o local abiertos al público**, o en cualquiera de sus **dependencias**.

b) Para entender el concepto de **«casa habitada»**, hay que estar a lo que indica el art. 241.2 CP:

> «(...) "casa habitada todo albergue que constituya morada de una o más personas, aunque accidentalmente se encuentren ausentes de ella cuando el robo tenga lugar".
> Y para entender lo que son las "**dependencias**" hay que acudir al art. 241.3 CP que indica que son "sus patios, garajes y demás departamentos o sitios cercados y contiguos al edificio y en comunicación interior con él, y con el cual formen una unidad física"».

c) Hay que tener en cuenta la mayor gravedad del robo en casa habitada y en local abierto al público, pues aquí se pone en riesgo, no solamente la propiedad o la posesión, sino también la vida, la integridad y la intimidad de las personas.

d) El TS se ha posicionado en el sentido de que **casa habitada no solo es la que está real y permanentemente ocupada** por una persona o familia que en ella vive, sino que es la que sirve a dichos fines de habitación, también en épocas determinadas o inciertas, de ahí que se incluyan los supuestos de **segunda residencia**, y de las que pueden estar sus moradores ausentes accidentalmente, siendo irrelevante que los culpables se investiguen antes si hay alguien o no. En este sentido podemos ver ad exemplum la SAP de Granada (Sección 1.ª) de 27 de octubre de 2001, en la cual se recuerda que:

> «Debiendo aplicarse la agravación prevista en el art. 241.2.° del CP, pues esta Sala II tiene reiteradamente afirmado que por casa habitada ha de entenderse la destinada a habitación de sus moradores, **aunque tan sólo le sea en fechas inciertas o indeterminadas**, no siendo preciso que lo sea de manera permanente. Cualquier persona puede tener más de una morada, incluso en ciudades distintas, siempre que sirvan de habitación con posibilidad, por tanto, de **presentarse en**

cualquier momento el morador ausente, es decir, que con este simple dato se cumple la verdadera "ratio legis" de la norma agravatoria, que reo es otra que, además de ataque a los bienes ajenos es ataque a la norma y la mayor peligrosidad que ello supone».

e) Local abierto al público es el que no tiene limitado el acceso, y donde pueden entrar en este cuantas personas lo quieran dentro de un horario de apertura estipulado de forma previa. Se entiende por tal, todo edificio o local orientados a la recepción de público, incluidos los locales de titularidad privada destinados a ese fin.

f) Robos cometidos en los casos anteriores pero que revistan **especial gravedad**, atendiendo a la forma de comisión del delito o a los perjuicios ocasionados y, en todo caso, cuando concurra alguna de las circunstancias expresadas en el artículo 235 CP.

Robo con violencia o intimidación

Está previsto en el artículo 242 CP que preceptúa que:

«1. El culpable de robo con **violencia o intimidación** en las personas será castigado (...), sin perjuicio de la que pudiera corresponder a los actos de violencia física que realizase.

2. Cuando el robo se cometa en **casa habitada, edificio o local abiertos al público** o en cualquiera de sus dependencias (...).

3. Las penas señaladas en los apartados anteriores se impondrán en su mitad superior cuando el delincuente hiciere uso de **armas u otros medios igualmente peligrosos**, sea al cometer el delito o para proteger la huida, y cuando atacare a los que acudiesen en auxilio de la víctima o a los que le persiguieren.

4. En atención a **la menor entidad de la violencia o intimidación** ejercidas y valorando además las restantes circunstancias del hecho, podrá imponerse la pena inferior en grado a la prevista en los apartados anteriores».

➜ **Acción punible**: es un robo, una sustracción y apropiación de la cosa mueble ajena, pero en el que la conducta del sujeto activo existe un comportamiento específico para asegurar la finalidad de la perpetración delictiva, que es la **violencia** o la **intimidación**. La violencia o intimidación ha de producirse con anterioridad y de forma muy próxima a la obtención del bien objeto del delito o incluso de forma coetánea, también se admite con posterioridad a lo largo del transcurso de la huida (Vázquez González, 2017).

En cuanto a la **violencia** y según la RAE en su acepción 3.ª es: «Acción violenta o contra el natural modo de proceder». Es el modo de actuar del sujeto activo, el que provoca que el sujeto pasivo sufra el ataque contra sus derechos de manera que se le impida actuar de forma normal.

Sobre la **intensidad** de la violencia habrá que examinar caso a caso. Por ejemplo, habrá que tener en cuenta si para sustraer el bolso de la víctima se ha utilizado la fuerza para cometer el «tirón» con forcejeo, incluso con la consiguiente caída del sujeto pasivo, que dejaría claro el modo violento de actuar.

El caso del «tirón» no es pacífico entre la doctrina, y se considerará robo con fuerza e intimidación si ello predomina sobre el elemento de la sorpresa. Así el tirón supone una violencia material sobre la persona que porta el objeto deseado. Solo en los casos en los que se hace visible y **se superpone la habili-**

dad sobre la fuerza por ser esta apenas perceptible, se ha inclinado la doctrina por el simple delito de hurto, en lugar del robo (SSTS. 23-6-99 y 16-7-99).

Sobre la **intimidación**, según la RAE en su acepción primera, intimidar es «causar o infundir miedo, inhibir». Se trata de una amenaza seria, real e inminente que persigue viciar la libre decisión de la voluntad del sujeto pasivo. Un ejemplo sería el apuntar a una persona con una pistola (puede ser de juguete) a la vez que se le pide que entregue el bolso, o se utilice una frase como «te voy a matar si no me das el dinero...», amenazar con una jeringuilla en la mano diciendo que tiene el sida, etc. Ha de tratarse de una conducta del sujeto activo que genere tal miedo en la víctima, que provoque un anormal comportamiento de esta, pues estará viendo coartada su libertad de acción. Según SERRANO GÓMEZ y SERRANO MAÍLLO (2011) se trata de una amenaza que está encaminada a viciar la libre voluntad de la víctima.

➔ **Bien jurídico protegido**: la posesión, la propiedad, la libertad, la integridad física o la vida de las personas. Estamos ante un delito pluriofensivo para proteger diversos bienes jurídicos (VICENTE MARTÍNEZ, 1999).

➔ **Sujeto activo**: puede serlo cualquiera (en el tema que estamos tratando, menores).

➔ **Sujeto pasivo**: puede serlo cualquiera.

➔ **Tipo subjetivo**: ha de haber ánimo de lucro, y por lo tanto es un delito doloso.

➔ **Consumación**: es posible la **tentativa** cuando el apoderamiento no se ha ejecutado, aunque se haya empleado la violencia o intimidación.

- La **consumación** del robo con violencia o intimidación requiere un efectivo apoderamiento de la cosa mueble ajena y su disponibilidad.
- En el apartado 3 se prevé también una agravación cuando el delincuente hiciere uso de **armas u otros medios igualmente peligrosos**, sea al cometer el delito o para proteger la huida, y cuando atacare a los que acudiesen en auxilio de la víctima o a los que le persiguieren. Es importante señalar que, si en la comisión de un robo se lleva un arma, pero no se hace uso de ella, la agravante no podrá ser contemplada. El hecho de llevar el arma es atípico, sin embargo, si hay una **exhibición intimidatoria** sí que podría aplicarse el agravante.
- En cuanto a los **medios e instrumentos peligrosos,** pueden considerarse: destornilladores, martillos, jeringuillas, botellas, ladrillos, piedras, etc.
- En referencia a las **armas** hay que tener en cuenta que han de estar aptas para su uso, y pueden ser: pistolas, navajas, ballestas, arcos, machetes, etc.
- El mayor desvalor de la conducta comporta que las penas señaladas en los apartados anteriores se impondrán en su mitad superior.

En el art. 242.4 CP se prevé un **subtipo privilegiado**, que nos indica que el castigo es con la pena inferior en grado, en atención a la menor entidad de la violencia o intimidación ejercidas y valorando además las restantes **circunstancias del hecho**.

➔ **Concurso**: La intimidación es de por sí una **amenaza** que forma parte de la esencia del delito de robo, no pudiendo castigarse de forma independiente. Asimismo, las coacciones también estarán absorbidas por el robo con violencia.

Puede darse el caso de que la violencia comporte lesiones u homicidios y será entonces cuando entremos en concurso de delitos.

Audiencia Provincial de Valladolid (Sección 2.ª) Sentencia núm. 151/2021 de 29 junio.

«Hacia las doce del mediodía del día 13-3-20 los entonces **menores de edad** Jaime, Jon y Laureano se encontraban bajo el puente del (...). Se acercaron a ellos primeramente un chico mayor de edad y el acusado Darío, y procedieron a pedirles unas cervezas que portaban, negándose aquéllos a dárselas. Acto seguido aparecieron otros acompañantes de los dos anteriores, entre ellos los otros cuatro acusados, Belarmino, Cristóbal, Concepción y Ángeles.

La persona mayor de edad comenzó a ponerse agresivo con las víctimas porque no les daban cervezas ni el contenido de sus mochilas, y agredió a J.C.R. Los cinco acusados prestaron apoyo al agresor con su **actitud intimidante y su mera presencia basada en la superioridad numérica**. El propio Belarmino procedió a agredir al amigo del anterior, y Darío e Cristóbal amedrentaron a ambos diciéndoles que si hacían algo contra los agresores irían a por ellos. Al final, Ángeles sacó las cosas de su mochila, y sin saber quién se las llevó, le faltaron unas gafas graduadas que han sido tasadas pericialmente en 80€.

Por su parte, Belarmino comenzó a agredir a Jon, solicitándole que le diera su chaqueta o cazadora, a lo cual el agredido se negó, consiguiendo por **con violencia e intimidación** desabrochársela y quitársela. También fue agredido por la persona mayor de edad a que se ha hecho referencia. La cazadora ha sido pericialmente tasada en 20€. También le sustrajeron unos auriculares y un paquete de chicles, elementos que no han sido tasados pericialmente.

De forma simultánea, Concepción y Ángeles ayudaron a una menor de catorce años que agredía a Jaime, con el fin de quitarle sus pertenencias, **llegando a tirarle del pelo mientras la menor de catorce años le pegaba**, y consiguiente finalmente entre las tres arrebatarle de su mochila una cartera con cinco euros, un altavoz y unos auriculares, habiendo sido tasados pericialmente la cartera con 10€, el altavoz con 60€ y los auriculares con 20€, en total 90€.

Como consecuencia de la agresión sufrida, Jaime, sufrió lesiones consistentes en hematoma en región parietal izquierda, y erosiones tipo arañado en región maxilar arco zigomático lado izquierdo, las cuales solo requirieron para su curación una primera asistencia facultativa, sanando tras tres días de perjuicio básico, y haciéndolo sin secuelas».

4. El robo y hurto de uso de vehículos a motor

A tenor del artículo 244 CP:

Artículo 244.

«1. El que sustrajere o utilizare sin la debida autorización un vehículo a motor o ciclomotor ajenos, sin ánimo de apropiárselo, será castigado con la pena de trabajos en beneficio de la comunidad de treinta y uno a noventa días o multa de dos a doce meses, si lo restituyera, directa o indirectamente, en un plazo no superior a cuarenta y ocho horas, sin que, en ningún caso, la pena impuesta pueda ser igual o superior a la que correspondería si se apropiare definitivamente del vehículo.

2. Si el hecho se ejecutare empleando fuerza en las cosas, la pena se aplicará en su mitad superior.

3. De no efectuarse la restitución en el plazo señalado, se castigará el hecho como hurto o robo en sus respectivos casos.

4. Si el hecho se cometiere con violencia o intimidación en las personas, se impondrán, en todo caso, las penas del artículo 242».

➔ **Acción punible**: la conducta consiste en sustraer o utilizar sin la debida autorización un vehículo a motor o ciclomotor ajenos, **sin ánimo de apropiárselo**. En la mayoría de la doctrina se entiende por tal todo vehículo de tracción mecánica, sea cual sea la energía empleada y la forma de aprovecharla para conseguir su desplazamiento.

Siguiendo a Soto Nieto (2004, p. 4):

> «[...] el hurto de uso ha de engrosarse legalmente con la utilización sin la debida autorización del vehículo, supuesto en que propiamente no concurre un propósito desposeedor sino el aprovechamiento de un **fácil empleo del vehículo**, objetable en cuanto no se cuenta con el beneplácito del titular poseedor o titular legítimo [...]. La esencia y característica más acusada del hurto o robo de uso radica en la limitada pretensión del sujeto de hacerse con el **goce temporal del vehículo**, de usurpar transitoriamente el ius utendi figurante entre los atributos inherentes a la propiedad o legítima posesión del vehículo, ausencia total de voluntad de apropiación, de incorporación del móvil al patrimonio del agente. Esporádico goce del vehículo, latente un ánimo restitutorio o de reintegro».
>
> El plazo de 48 horas está previsto por el legislador para conseguir objetivar la tipificación de la conducta, pues sería muy complejo el demostrar si ha habido o no "ánimo de apropiación"».

Por otra parte, el artículo referenciado habla de restituir «directa o indirectamente», y ello significa que el sujeto activo puede devolver el vehículo de la siguiente forma:

- **Restitución indirecta**: devolver tal y como estaba y en el mismo lugar, o dejar el vehículo abandonado en un lugar que pueda ser conocido fácilmente por el sujeto pasivo.
- **Restitución directa**: que es la que se produce cuando se devuelve de forma personal al propietario o poseedor, se indica dónde está el vehículo mediante una carta, se le envía un mensaje, un telegrama o una llamada.

➔ **Bien jurídico protegido**: es la posesión o la propiedad.

➔ **Sujeto activo**: puede serlo cualquiera (menores, en el tema que estamos tratando).

➔ **Sujeto pasivo**: puede serlo cualquiera.

➔ **Tipo subjetivo**: vemos que el artículo indica «sin ánimo de apropiárselo», sin embargo, si el sujeto activo que sustrae o utiliza el vehículo sabe lo que se hace y quiere hacerlo. Los elementos cognitivo y volitivo hacen que se trate de un delito doloso. No hay duda en comprender que es un delito doloso en los casos de utilización de fuerza en las cosas (por ejemplo, cerraduras forzadas) y en caso de servirse el sujeto activo de la violencia o intimidación (Abadías Selma, 2022).

➔ El artículo 244.1 CP se refiere al «que sustrajere o utilizare **sin la debida autorización**», así pues, podríamos pensar en algún caso en el que el sujeto activo sustrae o utiliza el vehículo pensándose que su propietario o poseedor le había dado su permiso o autorización, y por ello cabría pensar en la posibilidad del error.

Si se produce la restitución después de las cuarenta y ocho horas puede apreciarse la **atenuante** 5.ª del art. 21 del CP en la determinación de la pena del hurto o robo común, que es:

> «La de haber procedido el culpable a reparar el daño ocasionado a la víctima, o disminuir sus efectos, en cualquier momento del procedimiento y con anterioridad a la celebración del acto del juicio oral».

Audiencia Provincial de Cáceres (Sección 2ª) Sentencia núm. 157/2020 de 31 julio.

> «Que el día 2 de julio de 2019, sobre la 1:00 horas, cuatro jóvenes de los que solo se ha identificado al **menor Indalecio**, actuando de común acuerdo, y realizando Indalecio, junto a uno de ellos, labores de vigilancia, intentaron poner en marcha el vehículo, **con intención de uso temporal**, puenteando el sistema de arranque, después de haber forzado el bombín de la cerradura de la puerta del conductor.
>
> El vehículo estaba estacionado en la calle, siendo el propietario Remigio y la conductora habitual, su hija Raimunda, que formuló la denuncia en representación de su padre. La reparación de daños ha ascendido a 251,86 €. Rita cuando escuchó ruidos, se asomó a la ventana y vio a los cuatro jóvenes, dos dentro del vehículo y dos fuera, identificando a uno de los de fuera, que estaba en una bicicleta, como Indalecio, al que conoce perfectamente porque es pariente suyo».

5. Referencias bibliográficas

Abadías Selma, A., *Delincuencia juvenil. Temas para su estudio*. 1.ª edición, Editorial Colex, A Coruña, 2021.

Abadías Selma, A., **Cámara Arroyo, S.** y **Simón Castellano, P.** *et. al.*, *Tratado sobre delincuencia juvenil y responsabilidad penal del menor. A los 20 años de la Ley Orgánica 5/2000, de 12 de enero, reguladora de la responsabilidad penal de los menores*, Wolters Kluwer, Madrid, 2021.

Abadías Selma, A., *Derecho penal. Parte especial. Temas prácticos para su estudio*, 2.ª edición. Editorial Colex, A Coruña, 2022.

Blasco Hedo, E., «Ley 17/2021, de 15 de diciembre, de modificación del Código Civil, la Ley Hipotecaria y la Ley de Enjuiciamiento Civil, sobre el régimen jurídico de los animales», en *Actualidad Jurídica Ambiental*, n.º 119, enero, 2022.

Cervelló Donderis, V., *La medida de internamiento en el Derecho penal del menor*. Tirant lo Blanch, Valencia, 2009.

Germán Mancebo, I. y **Ocáriz Passevant, E.**, «Menores infractores/menores víctimas: hacia la ruptura del círculo victimal», en *Eguzkilore*, n.º 23. Disponible en: https://bit.ly/33gySrr.

Liñán Lafuente, A., *Trazos de Derecho penal Parte especial*, en edición en *copyleft*, 2017. Disponible en: https://bit.ly/3C1hJxt

Muñoz Conde, F. J., *Derecho penal Parte General*. Valencia, Tirant lo Blanch, 2017.

Serrano Gómez, A. y **Serrano Maíllo, A.**, *Derecho penal Parte especial*. Madrid, Dykinson, 2011.

Soto Nieto, F., «Escalamiento en el robo con fuerza en las cosas. Plausible actualización jurisprudencial», en *La Ley*, 5, 2001, pp. 1633-1635.

Soto Nieto, F., «Robo y hurto de uso de vehículos de motor. Daños causados con el vehículo», en *La Ley Penal*, 10, 2004, pp. 90-100.

Vázquez González, C., «Delitos contra el patrimonio y el orden socioeconómico I. Hurto y robo», en *Curso de derecho penal parte especial*. Madrid, Dykinson, 2017.

Vicente Martínez, R., *El delito de robo con fuerza en las cosas*. Valencia, Tirant lo Blanch, 1999.

Jurisprudencia

- Sentencia del Tribunal Supremo de 21 de junio de 1982 (RJ 1982, 3565).
- Sentencia del Tribunal Supremo de 26 de noviembre de 1984 (RJ 1984, 415).
- Sentencia del Tribunal Supremo de 23 de junio de 1999.
- Sentencia del Tribunal Supremo de 16 de julio de 1999.
- Sentencia del Tribunal Supremo de 7 de junio de 2012 (RJ 2012\7516).
- Sentencia de la Audiencia Provincial de Cáceres (Sección 2ª) núm. 157/2020 de 31 de julio.
- Sentencia de la Audiencia Provincial de Granada (Sección 1.ª) de 27 de octubre de 2001.
- Sentencia de la Audiencia Provincial de Valladolid (Sección 2ª) núm. 151/2021 de 29 de junio.
- Sentencia de la Audiencia Provincial de Zaragoza 2/2014, 2 de enero de 2014.
- Auto de la Audiencia Provincial de Barcelona (Sección 3ª) núm. 537/2021 de 11 de junio.

Legislación

- Constitución Española, «BOE» núm. 311, de 29/12/1978.
- Ley Orgánica 10/1995, de 23 de noviembre, del Código Penal. «BOE» núm. 281, de 24/11/1995.
- Ley Orgánica 5/2000, de 12 de enero, reguladora de la responsabilidad penal de los menores. «BOE» núm. 11, de 13 de enero de 2000.
- Ley 17/2021, de 15 de diciembre, de modificación del Código Civil, la Ley Hipotecaria y la Ley de Enjuiciamiento Civil, sobre el régimen jurídico de los animales.
- Ley Orgánica 9/2022, de 28 de julio, por la que se establecen normas que faciliten el uso de información financiera y de otro tipo para la prevención, detección, investigación o enjuiciamiento de infracciones penales, de modificación de la Ley Orgánica 8/1980, de 22 de septiembre, de Financiación de las Comunidades Autónomas y otras disposiciones conexas y de modificación de la Ley Orgánica 10/1995, de 23 de noviembre, del Código Penal. «BOE» núm. 181, de 29 de julio de 2022.

A fondo

Tratado sobre delincuencia juvenil y responsabilidad penal del menor (2021)

Esta obra colectiva constituye, sin duda, la contribución más ambiciosa a la bibliografía jurídica española sobre la responsabilidad penal del menor. Compendia la perspectiva legal y judicial tras 20 años de la aprobación de la Ley del menor.

Con **más de setenta autores** de múltiples disciplinas, podrás aprender y disfrutar de esta apasionante materia.

La criminalidad juvenil en España (2007-2012)

Te recomendamos la lectura de este artículo. Es imprescindible que conozcas a su autor pues es experto en delincuencia juvenil a nivel mundial y uno de los mayores estudiosos de nuestro país de este fenómeno. Tomás Montero, es miembro del Grupo de Expertos del Grupo Interinstitucional de las Naciones Unidas sobre Justicia Juvenil y es un profundo conocedor de la estadística de la delincuencia juvenil española.

Accede al artículo desde la siguiente dirección web:

https://bit.ly/3FArfZJ

La sustracción y el robo de vehículos: entre la realidad y la ficción

En la década de los 80, jóvenes delincuentes como Ángel Fernández Franco el Torete, Juan José Moreno Cuenca el Vaquilla (el delincuente juvenil más conocido de la España predemocrática), Juan Carlos Delgado el Pera, entre otros, sembraron el terror entre la ciudadanía de Barcelona porque una de las «aficiones» que tenían era sustraer vehículos para dar vueltas por la ciudad a gran velocidad y derrapar de forma espectacular en los descampados del barrio de La Mina de la Ciudad Condal.

Estos delincuentes sustraían los vehículos forzando cerraduras y haciendo «el puente» para poder arrancar, pero también lo hacían intimidando con dureza a los ocupantes de coches. Cuando se les acababa la gasolina, normalmente abandonaban los vehículos en cualquier parte, pues no tenían el ánimo de apropiárselo, sino de divertirse con ellos de forma temeraria.

Fueron tan populares y temidos estos jóvenes delincuentes que manejaban con gran destreza la conducción siendo menores de edad, que los directores de cine José Antonio de la Loma y Eloy de la Iglesia los contrataron para rodar una serie de películas en las que se narraban las fechorías de estos en primera persona, con gran realismo y éxitos de taquilla; era el «cine quinqui», todo un género cinematográfico muy peculiar.

La película Perros callejeros (1977) inició la saga del género «quinqui» y siguieron: Perros callejeros II. Busca y captura (1979) Los últimos golpes de El Torete (1980), Yo, el Vaquilla (1985), El Pico y el Pico II (1983-84), Perras callejeras (1985), Tres días de libertad (1995), La estanquera de Vallecas (1987), entre otras.

Accede al tráiler a través de la siguiente dirección:

https://binged.it/3AchS1a

Test

1. Los delitos contra el patrimonio y el orden socioeconómico están comprendidos en:

a) El título XIII del libro del CP que engloba catorce capítulos.
b) El título XII del libro del CP que engloba doce capítulos.
c) El título XI del libro del CP que engloba trece capítulos.
d) El título XV del libro del CP que engloba trece capítulos.

RESPUESTA: **La A, los delitos contra el patrimonio y el orden socioeconómico están comprendidos en el título XIII del libro del CP que engloba catorce capítulos. Con la tipificación de estos delitos se pretende proteger el patrimonio.**

2. ¿En cuál artículo de la Constitución española se reconoce el derecho de la propiedad?

a) Art. 34 CE.
b) Art. 33 CE.
c) Art. 32 CE.
d) Art. 31 CE.

RESPUESTA: La B, el artículo 33 CE nos ilustra:

«Se reconoce el derecho a la propiedad privada y a la herencia. La función social de estos derechos delimitará su contenido, de acuerdo con las leyes. Nadie podrá ser privado de sus bienes y derechos sino por causa justificada de utilidad pública o interés social, mediante la correspondiente indemnización y de conformidad con lo dispuesto por las leyes».

3. Tradicionalmente, el concepto de menor infractor iba asociado necesariamente a menor procedente:

a) Barrios o zonas desfavorecidas.
b) Con bajo o nulo aprovechamiento escolar.
c) A y B son correctas.
d) A y B son falsas.

RESPUESTA: **La C, tradicionalmente, el concepto de menor infractor iba asociado necesariamente a menor procedente de barrios o zonas desfavorecidas, de etnia gitana, con bajo o nulo aprovechamiento escolar, con familiares en prisión, etc.**

4. A los menores:

a) Se les atribuyen penas.
b) Se les atribuyen medidas de seguridad.

c) Se les atribuyen penas y medidas de seguridad según infracción.
d) No tienen penas ni medidas de seguridad.

RESPUESTA: La B, a los menores no se les atribuyen penas son medidas de seguridad que se imponen al infractor conforme a lo establecido en el art. 7 LORPM, atendiendo especialmente a la edad, circunstancias familiares y sociales, la personalidad y el interés del menor.

5. Subraya CERVELLÓ DONDERIS que, en el ámbito de la responsabilidad penal de los menores:

a) Lo importante es el delito cometido por el menor.
b) Lo importante es la medida que más les interesa a los progenitores.
c) Todas son falsas.
d) Lo importante es la medida que más le interesa para sus necesidades educativas.

RESPUESTA: La D, subraya CERVELLÓ DONDERIS (2009, p. 24) que, en el ámbito de la responsabilidad penal de los menores, «lo importante no tanto el delito cometido por el menor, sino la medida que más le interesa para sus necesidades educativas».

6. El hurto constituye:

a) El tipo básico a de los delitos de sustracción en los que se integran también los delitos de robo.
b) El tipo agravado de los delitos de sustracción en los que se integran también los delitos de robo.
c) El tipo básico a de los delitos de sustracción en los que no se integran los delitos de robo.
d) El tipo hiperagravado de los delitos de sustracción en los que no se integran los delitos de robo.

RESPUESTA: La A, el hurto constituye el tipo básico a de los delitos de sustracción en los que se integran también los delitos de robo.

7. La acción punible del delito de hurto es:

a) Apoderarse de cosas muebles propias, sin violencia o intimidación en las personas ni fuerza en las cosas.
b) Apoderarse de cosas muebles ajenas, con violencia o intimidación.
c) Apoderarse de cosas muebles ajenas, sin violencia o intimidación en las personas ni fuerza en las cosas.
d) Todas son falsas.

RESPUESTA: La C, apoderarse de cosas muebles ajenas, sin violencia o intimidación en las personas ni fuerza en las cosas, pues de lo contrario estaríamos ante el delito de robo. El concepto de ajenidad es un concepto jurídico civil, y hay que entender que es la no pertenencia de esa cosa a un sujeto.

8. A tenor del art. 235 CP tiene un mayor castigo el hurto cuando:

a) El que toma la cosa con autorización de su dueño.
b) Cuando se trate de cosas de segunda necesidad y se cause una situación de desabastecimiento.
c) Cuando se utilice a mayores de dieciséis años para la comisión del delito.
d) Cuando se trate de cosas de primera necesidad y se cause una situación de desabastecimiento.

RESPUESTA: **La D, art. 235.2 CP: «Cuando se trate de cosas de primera necesidad y se cause una situación de desabastecimiento».**

9. Según la Fiscalía General del Estado (memorias de menores 2021), inquietan más:

a) Los robos con fuerza.
b) Los robos con violencia o intimidación.
c) Los robos con fuerza y los robos con violencia o intimidación.
d) Los robos sin fuerza y los robos con violencia o intimidación.

RESPUESTA: **La B, más inquieta que los robos con violencia o intimidación, aunque desciendan en su conjunto, no lo hacen de manera tan relevante como cabía esperar, teniendo en cuenta el período de confinamiento y todas las limitaciones a la libertad ambulatoria.**

10. Son llaves falsas según el art. 239 CP (SEÑALE LA INCORRECTA):

a) Las llaves legítimas perdidas por el propietario.
b) Las ganzúas u otros instrumentos análogos.
c) Las llaves obtenidas por un medio que no constituya infracción penal.
d) Todas son verdaderas.

RESPUESTA: **La C, art. 239.2 CP: «Las llaves legítimas perdidas por el propietario u obtenidas por un medio que constituya infracción penal».**

TEMA II.

DELITOS DE SANGRE

DELITOS DE SANGRE

HOMICIDIO

- Tipos agravados
- Homicidio doloso
- Homicidio imprudente
- Causas de justificación
- Autoría y participación

ASESINATO

- Por precio, recompensa o promesa
- Ensañamiento

LESIONES

Tipos privilegiados

- Lesiones que no causan menoscabo a la integridad corporal y/o la salud física o mental
- Malos tratos de obra

RIÑAS O PELEAS

Acometiéndose tumultuariamente, y utilizando medios o instrumentos que pongan en peligro la vida o integridad de las personas

1. Introducción y objetivos

James Patrick Bulger fue un niño de dos años inglés, que fue secuestrado, torturado y asesinado por dos chicos de diez años: Robert Thompson y Jon Venables.

Fuente: https://bit.ly/3nKpjYr

La víctima, James Patrick Bulger se soltó de la mano de su madre en un centro comercial en unos minutos que iban a resultar fatales. Las cámaras de vídeo grabaron cómo dos niños se le acercaban y el pequeño se iba mansamente con ellos. Dos días más tarde, su cadáver destrozado fue hallado en una vía férrea.

> Para saber más, accede a la siguiente dirección web:
>
> https://bit.ly/3qMzQV3

Los objetivos de aprendizaje de esta unidad son los siguientes:

- Comprender como la conmoción de una sociedad afecta a la legislación.
- Diferenciar entre homicidio y asesinato.
- Estudiar la figura de lesiones.
- Analizar el delito de riña o peleas.

2. El crimen de la catana y el crimen de San Fernando

Hay casos en los que la violencia protagonizada por los menores es extrema, ello conmociona a la sociedad y por lo tanto hay una repercusión mediática que acaba materializándose en reformas legales que no siempre van acompañadas del suficiente sosiego y estudios criminológicos empíricos que demuestren que lo que se va a modificar servirá a la sociedad y no solamente para calmar «la sed de venganza» (Abadías Selma, 2022).

Esta creencia social ha ido en paralelo con la publicación de la LORPM, a la que de alguna manera se ha hecho responsable de un aumento de las infracciones cometidas por estos jóvenes, atribuyéndole una respuesta excesivamente blanda ante estos comportamientos, lo que se traduce en una pérdida importante de su valor preventivo, tanto a nivel general como especial (Montero Hernanz, 2009).

El poder legislativo ha acabado asumiendo esta convicción, tal vez por la fuerte presión social a la que la LORPM se ha visto sometida por puntuales hechos, como por ejemplo el conocido «Crimen de la catana».

Juzgado de Menores n.° 1 de Murcia, Sentencia 72/2001 de 1 junio 2001, Rec. 2/2001

«(...) que desde fecha no determinada del mes de marzo de 2.000, el menor concibió la idea de matar a sus padres, Aureliano y Leonor, así como a su hermana de 11 años, afecta del Síndrome de Down, fue dándole vueltas e imaginándose cómo sería la vida sin su familia, llegando a considerar tal idea como "algo positivo" tanto para él como para su familia: para él, porque cambiarían las circunstancias de su vida y para su familia, porque así terminarían con el sufrimiento cotidiano del trabajo, los disgustos de la familia y los padecimientos por su hermana. Llegó incluso a contar sus planes, aunque en tono de broma a sus amigos, según El, para "hacerse a la idea e irse obligando a ello".

Asimismo, fue planeando el modo como lo llevaría a cabo, decidiendo que lo haría con una catana japonesa de acero (...).

Una vez decidido el momento y la forma de "matar a su familia", Olegario se comportó de un modo normal, saliendo con sus amigos durante la tarde y conectándose desde las 18,30 horas a Internet, como solía hacer habitualmente a esas horas, "chateando" con una amiga llamada Sonia y con otros usuarios. A las 20 horas cenó en solitario en su habitación como asimismo solía hacer, y tras ducharse, se volvió a conectar a Internet desde las 22,30 hasta las 3 de la madrugada del sábado día 1 de abril (...).

Pero, al poco rato oyó de nuevo los ronquidos de su padre y ya completamente decidido, se levantó de la cama y con la espada en la mano, se dirigió a la habitación de matrimonio donde dormía su padre, comprobando que éste se encontraba durmiendo de lado hacia la ventana y de espaldas a él, se acercó a la cama, cogió la espada en las dos manos, la puso sobre la cabeza del padre para calcular el golpe y la descargó con fuerza en la cabeza dos veces, produciéndole doce heridas incisas paralelas (...)».

O el caso del «Crimen de San Fernando», dos adolescentes que asestaron una veintena de puñaladas e intentaron cortarle el cuello a una de sus compañeras de instituto. En su primera declaración judicial, manifestaron que lo habían hecho porque «era una nueva experiencia que les permitiría hacerse famosas».

Todos estos hechos y algunos más provocaron un endurecimiento de las medidas judiciales, recogidas en la LORPM 8/2006, de 4 de diciembre.

3. Homicidio

El artículo 138.1 del Código Penal dispone que: «el que matare a otro será castigado, como reo de homicidio».

➜ **Acción punible**. Matar a otro, es decir, terminar con la vida de una persona. Ha de existir un **nexo causal** entre el sujeto activo y el fallecimiento de la víctima, es decir, se ha de demostrar que el fallecimiento ha sido una consecuencia directa de la acción del homicida.

→ El homicidio es un **delito de resultado**, pues, el resultado es el fallecimiento de una persona viva.

Audiencia Provincial de Madrid, Sección 4.ª, Sentencia 121/2014 de 26 marzo 2014, Rec. 319/2014

«En ese momento tanto el menor, valiéndose de una navaja, como el menor, usando un objeto cortante que no ha sido identificado, apuñalaron conjuntamente y en varias ocasiones, a Aureliano, causándole cuatro heridas incisas, una de ellas cortante de 8 cms. de longitud que va desde el tercio distal de la clavícula hasta región superior escapular y las otras tres heridas inciso penetrantes, una en el hemitórax izquierdo que termina con herida en el esternón y las otras dos en la pared posterior costal, que le produjeron shock hipovolémico con perforación pulmonar, causándole la muerte».

→ **Bien jurídico protegido**. Es la vida humana independiente.

→ **Sujeto activo**. Cabe la autoría directa, la inducción, la cooperación y la complicidad a tenor de los arts. 28 y 29 CP. Cabe también la coautoría (LACRUZ LÓPEZ, 2015).

→ **Sujeto pasivo (víctima)**. El sujeto pasivo víctima, en un principio lo puede ser cualquier persona viva.

→ **Tipo subjetivo**. Es el doloso, pues existe el elemento cognitivo y volitivo. Se admite también el dolo eventual, ya que el sujeto activo puede haberse representado como muy probable el resultado de muerte, y persiste en la acción (GARCÍA-CERVIGÓN, 2015).

Audiencia Provincial de Sevilla, Sección 3.ª, Sentencia 269/2006 de 19 mayo 2006, Rec. 2457/2006

«Menor que propinó varias cuchilladas a la víctima. La Juez, "a quo" estimó que el menor sancionado realizó los hechos que se le atribuyen, al menos, con dolo eventual de matar, por cuanto de su acción agresiva y reiterada (8 cuchilladas, tres de ellas penetrantes en tórax) es lógico inferir, que tenía consciencia de que con ello existía una alta posibilidad del resultado muerte, y lo aceptó».

Tipos agravados

Artículo 138.2 CP

«2. Los hechos serán castigados con la pena superior en grado en los siguientes casos: a) cuando concurra en su comisión alguna de las circunstancias del apartado 1 del artículo 140, o b) cuando los hechos sean además constitutivos de un delito de atentado del artículo 550».

→ **Sujeto pasivo (víctima)**. En relación con el artículo 140.1. 1.ª CP, tenemos un tipo agravado por razón del sujeto pasivo o víctima, que será:

- Un menor de dieciséis años.
- Una persona especialmente vulnerable por razón de su edad, enfermedad o discapacidad.

El homicidio también será agravado mediante el tipo cualificado del artículo 140.1. 2.ª CP si el hecho es subsiguiente a un **delito contra la libertad sexual** sobre la víctima.

➔ **Sujeto activo**. En relación con el artículo 140.1. 3.ª CP encontramos la agravación del homicidio cuando el sujeto activo pertenezca a un grupo u **organización criminal**.

➔ **Homicidio doloso**. Está regulado en el artículo 138 CP. Para poder apreciar este tipo de homicidio es preciso demostrar la intención de matar *animus necandi*.

➔ **Homicidio imprudente**. Está regulado en el artículo 142 CP con las modalidades de: imprudencia grave y menos grave.

- Las acciones u omisiones imprudentes no podrán ser sancionadas con medidas de internamiento en régimen cerrado (El art. 9.4 de la LORPM).

➔ **Causas de justificación**. En el ordenamiento jurídico penal español encontramos que se puede justificar la muerte de una persona cuando existe alguna causa de que excluya la antijuricidad como en los casos de:

- Legítima defensa ex art. 20. 4.º CP.
- Estado de necesidad ex art. 20. 5.º CP.
- Obrar en cumplimiento de un deber o en el ejercicio legítimo de un derecho, oficio o cargo ex art. 20. 7.º CP.

➔ **Autoría y participación**. En relación con los artículos 28 y 29 CP, se admiten las siguientes formas de participación en el homicidio:

- Autoría directa: según el concepto restrictivo, será autor quien realiza el tipo. El artículo 28 CP contiene la definición legal de autor, y este precepto establece que son autores quienes realizan el hecho por sí solos, conjuntamente o por medio de otro del que se sirven como instrumento. También serán considerados autores los inductores y los cooperadores.
- Coautoría: se trata de la participación que resulte eficaz en la ejecución del homicidio después del acuerdo tomado con otro u otros de los que participan en la ejecución de los hechos. Este acuerdo podrá ser expreso, tácito, previo o simultáneo.
- Autoría mediata: entendemos que es quien realiza el hecho previsto en el tipo (hombre de atrás) utilizando a otra persona como instrumento.
- Inducción: según la RAE, es el que induce a otro, y especialmente quien induce a cometer un delito. Según el art. 28 CP será considerado como autor.
- Cooperación necesaria: en este caso el sujeto participa en la ejecución del hecho delictivo, pero no lo hace de modo directo, aunque sí con una serie de actos necesarios para que pueda producirse el resultado de muerte. Según el art. 28 CP será considerado como autor.
- Complicidad: el artículo 29 CP aporta la definición legal de cómplices, estableciendo que: «son cómplices los que, no hallándose comprendidos en el artículo anterior, cooperan a la ejecución del hecho con actos anteriores o simultáneos».

➔ **Formas de ejecución**. A tenor del art. 16.1 CP:

«Hay tentativa cuando el sujeto da principio a la ejecución del delito directamente por hechos exteriores, practicando todos o parte de los actos que objetivamente deberían producir el resultado, y sin embargo éste no se produce por causas **independientes de la voluntad** del autor».

Y el art. 15 CP establece que: «son **punibles** el delito consumado y la **tentativa de delito**».

Para el delito de homicidio caben los siguientes **tipos de tentativa**:

- Tentativa acabada (frustración) para el delito doloso, que se aprecia cuando se practicaron todos los actos para conseguir el fin de matar.
- Tentativa inacabada (tentativa en sentido estricto) para el delito doloso, que se aprecia cuando se practicaron parte de los actos que llevarían a conseguir un homicidio como resultado.
- Tentativa inidónea o delito imposible: el sujeto realiza todos los actos con la finalidad de matar, pero, por ejemplo, intenta matar a alguien con una aspirina y el resultado no se produce porque es notorio que, con una aspirina, en condiciones normales no se producirá la muerte.

La tentativa también se castiga, aunque hay una penalidad menor, pues según el art. 62 CP:

«(...) a los autores de tentativa de delito se les impondrá la pena inferior en uno o dos grados a la señalada por la Ley para el delito consumado en la extensión que se estime adecuada, atendiendo al peligro inherente al intento y al grado de ejecución alcanzado».

Circunstancias modificativas de la responsabilidad criminal

Atenuantes. Se aplican con frecuencia, y concretamente la eximente incompleta del art. 21. 1.ª CP en relación con el art. 20 CP (eximentes). Son circunstancias atenuantes ex art. 21.1. 1.ª:

4. Asesinato

El asesinato se regula en el art. 139 CP, que castiga a quien matare a otro cuando se produce con:

Alevosía. Según el art. 22.1 del Código Penal, se dispone que la alevosía concurre:

«Cuando el culpable comete cualquiera de los delitos contra las personas empleando en la ejecución ***medios***, modos o formas que tiendan directa o especialmente a asegurarla, sin el riesgo que para su persona pudiera proceder de la defensa por parte del ofendido».

➔ Hay numerosa jurisprudencia que señala como circunstancia siempre alevosa, la muerte de un niño, personas de edad muy avanzada y personas con algún tipo de discapacidad que les impide defenderse (Abadías Selma, 2022).

Por precio, recompensa o promesa. Han de existir dos sujetos, la persona que ofrece y la que realiza el hecho delictivo.

Ensañamiento, aumentando deliberada e inhumanamente el dolor del ofendido: Según el art. 22. 5ª CP, sin utilizar el término, considera circunstancia agravante genérica:

> «Aumentar deliberada e inhumanamente el sufrimiento de la víctima, causando a ésta padecimientos innecesarios para la ejecución del delito».

➜ Sin embargo, no se apreciará ensañamiento cuando se está apuñalando varias veces a un cadáver.

Para facilitar la comisión de otro delito o para evitar que se descubra. Ejemplo: matar para robar.

Con la última reforma del CP, el art. 22 queda de la siguiente forma:

> «Son circunstancias agravantes:
>
> 1.ª Ejecutar el hecho con alevosía.
>
> Hay alevosía cuando el culpable comete cualquiera de los delitos contra las personas empleando en la ejecución medios, modos o formas que tiendan directa o especialmente a asegurarla, sin el riesgo que para su persona pudiera proceder de la defensa por parte del ofendido.
>
> 2.ª Ejecutar el hecho mediante disfraz, con abuso de superioridad o aprovechando las circunstancias de lugar, tiempo o auxilio de otras personas que debiliten la defensa del ofendido o faciliten la impunidad del delincuente.
>
> 3.ª Ejecutar el hecho mediante precio, recompensa o promesa.
>
> 4.ª Cometer el delito por motivos racistas, antisemitas u otra clase de discriminación referente a la ideología, religión o creencias de la víctima, la etnia, raza o nación a la que pertenezca, su sexo, edad, orientación o identidad sexual o de género, razones de género, de aporofobia o de exclusión social, la enfermedad que padezca o su discapacidad, con independencia de que tales condiciones o circunstancias concurran efectivamente en la persona sobre la que recaiga la conducta.
>
> 5.ª Aumentar deliberada e inhumanamente el sufrimiento de la víctima, causando a ésta padecimientos innecesarios para la ejecución del delito.
>
> 6.ª Obrar con abuso de confianza.
>
> 7.ª Prevalerse del carácter público que tenga el culpable.
>
> 8.ª Ser reincidente.
>
> Hay reincidencia cuando, al delinquir, el culpable haya sido condenado ejecutoriamente por delito comprendido en el mismo título de este Código, siempre que sea de la misma naturaleza.
>
> A los efectos de este número no se computarán los antecedentes penales cancelados o que debieran serlo, ni los que correspondan a delitos leves.
>
> Las condenas firmes de jueces o tribunales impuestas en otros Estados de la Unión Europea producirán los efectos de reincidencia salvo que el antecedente penal haya sido cancelado o pudiera serlo con arreglo al Derecho español».

➜ Queremos destacar aquí como una cuestión de la máxima relevancia la agravante 4.ª que recoge la aporofobia (ABADÍAS SELMA, 2022)

Según el artículo 139.2 del CP:

> «2. Cuando en un asesinato concurran **más de una de las circunstancias** previstas en el apartado anterior, se impondrá la pena en su mitad superior».

➜ Es la concurrencia de alguna de las circunstancias del art. 139.1 CP lo que diferencia el homicidio del asesinato.

Asesinato cualificado

A tenor del art. 140 CP, con la siguiente redacción:

Artículo 140.

«1. El asesinato será castigado con pena de prisión permanente revisable cuando concurra alguna de las siguientes circunstancias:

1.ª Que la víctima sea menor de dieciséis años de edad, o se trate de una persona especialmente vulnerable por razón de su edad, enfermedad o discapacidad.

2.ª Que el hecho fuera subsiguiente a un delito contra la libertad sexual que el autor hubiera cometido sobre la víctima.

3.ª Que el delito se hubiera cometido por quien perteneciere a un grupo u organización criminal.

2. Al reo de asesinato que hubiera sido condenado por la muerte de más de dos personas se le impondrá una pena de prisión permanente revisable. En este caso, será de aplicación lo dispuesto en la letra b) del apartado 1 del artículo 78 bis y en la letra b) del apartado 2 del mismo artículo».

- No se puede cometer el asesinato por imprudencia dadas las circunstancias que recogen el art. 139 CP.

Juzgado de Menores núm. 5 de Madrid, Sentencia de 13 octubre 2003, proc. 258/2003.

«(...) los menores expedientados, en compañía de otra persona mayor de edad (...) vieron caminando por el arcén a la pareja, decidiendo de común acuerdo robarles y violar a la joven (...).

Al ver que la joven no se movía, decidieron de común acuerdo, quemarla con la finalidad de que no quedara huella alguna de su acción (...)».

5. Lesiones

El tipo básico del delito de lesiones lo encontramos en el art. 147.1 del CP:

«El que, por cualquier medio o procedimiento, causare a otro una lesión que menoscabe su integridad corporal o su salud **física o mental**, será castigado, como reo del delito de lesiones (...) siempre que la lesión requiera objetivamente para su sanidad, además de una primera asistencia facultativa, tratamiento médico o quirúrgico. La simple vigilancia o seguimiento facultativo del curso de la lesión no se considerará tratamiento médico».

➔ **Acción punible**: se trata de todo menoscabo a la integridad corporal y a la salud física y/o mental de una persona.

➔ **Bien jurídico protegido**: se puede extraer del mismo concepto del delito de lesiones, y es por ello por lo que entendemos que lo que se protege es la integridad corporal y la salud física y/o mental.

➔ **Sujeto activo:** se trata de un delito común, pues el sujeto activo puede serlo, en principio, cualquier persona (no se castiga la autolesión) (LAMARCA PÉREZ, 2010).

➔ **Tipo subjetivo**: pueden ser materializadas con dolo directo o con dolo eventual. RODRÍGUEZ DEVESA (1981) indicaba que actúa dolosamente el que sabe lo que hace y quiere hacerlo, indicando los componentes, el saber, es decir, el elemento intelectual, intencional y cognitivo.

Las lesiones pueden ser dolosas y también imprudentes (reguladas en el art. 152 CP), pero habrá dificultad en diferenciar el dolo eventual de la imprudencia, ya sea esta grave o menos grave; las lesiones por imprudencia leve son atípicas, cualquiera que sea el resultado.

➔ Según la jurisprudencia, las lesiones psíquicas no se pueden cometer por imprudencia (Abadías Selma, 2022)

➔ **Causas de justificación**: legítima defensa, estado de necesidad, cumplimiento del deber y ejercicio legítimo de un derecho, oficio o cargo.

➔ **Formas de ejecución**: es posible que se produzca este delito en una situación de comisión por omisión, sin embargo, será más difícil que se produzca en grado de tentativa.

➔ **Concursos**: hay ocasiones en las que se presenta la dicotomía entre si el sujeto activo estaba buscando lesionar y finalmente causa una muerte, y también en sentido opuesto.

Tipos privilegiados

Lesiones que no causan menoscabo a la integridad corporal y/o la salud física o mental

Hemos de acudir al artículo 147.2 del Código Penal, que indica una situación atenuada: «2. El que, por cualquier medio o procedimiento, causare a otro una lesión no incluida en el apartado anterior (...)».

Malos tratos de obra

También estamos ante una situación castigada de forma atenuada. Art. 147.3 CP: «El que golpeare o maltratare de obra a otro sin causarle lesión».

Condiciones de perseguibilidad

En los dos últimos casos analizados vemos que se tratan de situaciones atenuadas con una pena muy inferior, y que por lo tanto solamente podrán ser castigadas si se presenta una denuncia por parte de la persona que haya sufrido el daño o por parte de su representante legal.

Según el art. 147.4 CP: «Los delitos previstos en los dos apartados anteriores solo serán perseguibles mediante **denuncia** de la persona agraviada o de su representante legal».

Tipos agravados

Seguidamente hablaremos de una serie de lesiones que son especialmente graves atendiendo a: el resultado, el riesgo que se ha producido, la edad del sujeto activo, la víctima y la vulnerabilidad de la víctima.

Según la Sentencia del Tribunal Supremo Sala 2.ª de 23 de febrero de 2015, recurso 1897/2014, puede perfectamente interpretarse que la aplicación del citado precepto estará en conexión directa con una especial gravedad o peligrosidad de la conducta agresiva y cuya determinación quedará al prudente arbitrio del tribunal, bastando con que a ese dato se una la concurrencia de **algunos de los supuestos de hecho que se mencionan en los cinco números del precepto**, los cuales por su naturaleza, si no han contribuido a alcanzar esos niveles de gravedad, sí la han posibilitado o favorecido, pero si nada tuvieran que ver con la dinámica delictiva, difícilmente podrían ser estimadas para la cualificación.

Artículo 148 CP

«Las lesiones previstas en el apartado 1 del artículo anterior podrán ser castigadas con la pena de prisión de dos a cinco años, atendiendo al resultado causado o riesgo producido:

1.° Si en la agresión se **hubieren utilizado armas, instrumentos, objetos, medios, métodos o formas concretamente peligrosas** para la vida o salud, física o psíquica, del lesionado.

2.° Si hubiere mediado **ensañamiento o alevosía**.

3.° Si la víctima fuere **menor de catorce años o persona con discapacidad necesitada de especial protección**.

4.° Si la víctima fuere o hubiere sido **esposa, o mujer** que estuviere o hubiere estado ligada al autor por una análoga relación de afectividad, aun sin convivencia.

5.° Si la víctima fuera una persona **especialmente vulnerable** que conviva con el autor».

Tipos cualificados por el resultado

Pérdida de un órgano o miembro principal.

Artículo 149

«1. El que causara a otro, por cualquier medio o procedimiento, la pérdida o la inutilidad de un órgano o miembro principal, o de un sentido, la impotencia, la esterilidad, una grave deformidad, o una grave enfermedad somática o psíquica, será castigado con la pena de prisión de seis a 12 años.

2. El que causara a otro una mutilación genital en cualquiera de sus manifestaciones será castigado con la pena de prisión de seis a 12 años. Si la víctima fuera menor o persona con discapacidad necesitada de especial protección, será aplicable la pena de inhabilitación especial para el ejercicio de la patria potestad, tutela, curatela, guarda o acogimiento por tiempo de cuatro a 10 años, si el juez lo estima adecuado al interés del menor o persona con discapacidad necesitada de especial protección».

Pérdida o inutilidad de un órgano o miembro no principal.

Artículo 150

«El que causare a otro la pérdida o la inutilidad de un órgano o miembro no principal, o la deformidad, será castigado con la pena de prisión de tres a seis años».

6. Riñas o peleas

Juzgado de Menores n.° 4 de Madrid, Sentencia 18/2016 de 10 Feb. 2016, Rec. 319/2014

RIÑA TUMULTUARIA. «Entre seguidores radicales de dos equipos de fútbol. Ambas hinchadas radicales se citaron vía redes sociales para protagonizar un enfrentamiento utilizando todo tipo de armas. **HOMICIDIO**. Los acusados golpearon primero en la cabeza a la víctima, la cual se desvaneció, siendo golpeado en repetidas ocasiones en el abdomen, causándole lesiones fatales y finalmente arrojado al río, siendo recuperado por los servicios de urgencia en estado de parada cardio-respiratoria, falleciendo. **Coautoría** de uno de los menores junto con otros mayores de edad, siendo independiente quien materializara la agresión letal, pues a la realización del delito se llega de forma unitaria, por la adhesión de las diversas aportaciones de los coautores integradas en el plan común, siempre que se trate de aportaciones causales decisivas».

Para conocer este tipo penal hay que acudir al art. 154 del CP que preceptúa:

«Quienes riñeren entre sí, acometiéndose **tumultuariamente**, y utilizando medios o instrumentos que pongan en peligro la vida o integridad de las personas, serán castigados por su participación en la riña (...)».

➜ **Bien jurídico protegido**: integridad corporal y salud de las personas.

➜ **Sujeto activo**: todo el que participa en la riña con instrumentos o medios peligrosos, pero también se castiga a los que no utilizan estos medios, pero conocen que otros del grupo sí lo hacen.

➜ **Sujeto pasivo**: los que participan en la riña, pero también pueden ser los que quieren separar, *ad exemplum*, los agentes de la autoridad.

➜ **Acción punible**: participar en una riña utilizando medios o instrumentos peligrosos.

➜ **Tipo subjetivo**: es un delito **doloso**, pues se sanciona a los que participan y además utilizan los medios o instrumentos peligrosos, no siendo suficiente que los porten, hay que utilizarlos.

➜ **Causas de justificación**: cabe la legítima defensa.

➜ **Formas de ejecución**: lo normal es que se produzca la consumación en el momento del inicio de las hostilidades con los medios o instrumentos peligrosos, no obstante, cabría la tentativa si aparece la policía y aborta la riña.

➜ **Concursos de delitos**: la riña será siempre subsidiaria respecto a lesiones más graves, homicidio, asesinato, etc. Ello se producirá cuando se conozca quien es el sujeto activo del delito. Pensemos en una pelea de hinchas del fútbol multitudinaria, que entre a los que a veces cuesta mucho identificar y encontrar quien ha cometido un homicidio.

Audiencia Provincial de Barcelona, Sección 3.ª, Sentencia 788/2012 de 3 octubre 2012, Rec. 140/2012

«(...) Que considerando a los menores Raúl y Vicente autores de un delito de homicidio concurriendo la agravante de abuso de superioridad debo imponer, a cada uno, la medida de cinco años de internamiento en régimen cerrado y tres años de libertad vigilada, con abono del tiempo cumplido con carácter cautelar.

Que considerando a los menores Alonso y Jesús Ángel autores de un delito de participación en **riña tumultuaria** debo imponer a cada uno la medida de seis meses de internamiento en régimen semiabierto y dos años de libertad vigilada, con abono del tiempo cumplido de forma cautelar».

➜ La participación en la riña no queda absorbida por el delito más grave de homicidio cuando los medios peligrosos empleados afectan a la integridad de otras personas intervinientes en la pelea.

Habrá concurso real de delitos cuando, si hay varios lesionados o fallecidos, siempre que sean dos o más y sean imputados a un mismo autor.

➔ **Tipo agravado**. En relación con el art. 148.1 CP hay una agravación:

«(...) si en la agresión se hubieren utilizado armas, instrumentos, objetos, medios, métodos o formas concretamente peligrosas para la vida o la salud física o psíquica del lesionado».

7. Referencias bibliográficas

Abadías Selma, A., *Delincuencia juvenil. Temas para su estudio*. 1.ª edición, Editorial Colex, A Coruña, 2021.

Abadías Selma, A., *Derecho penal. Parte especial. Temas prácticos para su estudio*, 2.ª edición, Editorial Colex, A Coruña, 2022.

Fernández Molina, E. y **Tarancón Gómez, P.**, «Populismo punitivo y delincuencia Juvenil: mito o realidad», en *Revista Electrónica de Ciencia Penal Y Criminología*, 2010.

García-Cervigón, J., en **Serrano Gómez, A.**, **Serrano Maíllo, A.**, **Serrano Tárraga, M. D. Y Vázquez González, C.** *Curso de Derecho penal. Parte especial*. Madrid, Dykinson, 2015.

Lacruz López, J. M, Serrano Gómez, A. Serrano Maíllo, A., Serrano Tárraga, M. D. y **Vázquez González, C.**, *Curso de Derecho penal. Parte especial*. Madrid, Dykinson, 2015.

Lamarca Pérez, C. (Coord.), *Derecho Penal. Parte Especial*. Madrid, Editorial Colex, 2010.

Montero Hernanz, T., «La evolución de la delincuencia juvenil en España y el tratamiento del menor infractor», en *La Ley*, 2009.

Rodríguez Devesa, J. M., *Derecho Penal Español. Parte General*. Madrid, Artes Gráficas Carasa, 1981.

Jurisprudencia

- Juzgado de Menores n.º 1 de Murcia, Sentencia 72/2001 de 1 junio 2001, Rec. 2/2001.
- Sentencia del Tribunal Supremo Sala 2.ª de 23 de febrero de 2015, recurso 1897/2014.
- Audiencia Provincial de Barcelona, Sección 3ª, Sentencia 788/2012 de 3 octubre 2012, Rec. 140/2012.
- Audiencia Provincial de Madrid, Sección 4ª, Sentencia 121/2014 de 26 marzo 2014, Rec. 319/2014

- Audiencia Provincial de Sevilla, Sección 3ª, Sentencia 269/2006 de 19 mayo 2006, Rec. 2457/2006.
- Juzgado de Menores núm. 5 de Madrid, Sentencia de 13 octubre 2003, proc. 258/2003.
- Juzgado de Menores n.º 4 de Madrid, Sentencia 18/2016 de 10 Feb. 2016, Rec. 319/2014.

Legislación

- Constitución Española, «BOE» núm. 311, de 29/12/1978.
- Ley Orgánica 10/1995, de 23 de noviembre, del Código Penal. «BOE» núm. 281, de 24/11/1995.
- Ley Orgánica 5/2000, de 12 de enero, reguladora de la responsabilidad penal de los menores. «BOE» núm. 11, de 13 de enero de 2000.

A fondo

Delincuencia juvenil: distorsión mediática y realidad

Te recomendamos la lectura de este artículo que consideramos fundamental, ya que nos aporta datos sobre el tratamiento que se da por parte de los medios de comunicación a los crímenes cometidos por menores, y nos acerca a la auténtica realidad de este fenómeno con la aportación de datos contrastados.

Accede al artículo desde la siguiente dirección web:

https://bit.ly/3AnyROq

El relato de la maldad

Sandra Palo Bermúdez fue una joven de Getafe (Madrid) con 22 años y una discapacidad psíquica leve. En mayo de 2003 resultó brutalmente violada y asesinada por un grupo de un mayor y tres menores de edad. Los agresores, todos ellos con edades comprendidas entre los 14 y los 18 años, delincuentes desde la niñez y con innumerables estancias en centros de reforma, detuvieron su coche y obligaron a Sandra a subir amenazándola con un cuchillo a ella y a su exnovio y se dirigieron hacia Getafe.

Accede al video desde la siguiente dirección web:

https://binged.it/3Arq79K

Una reyerta en un bar de Llíria acaba con dos menores detenidos y el dueño herido

Una reyerta en la que se vieron implicados varios jóvenes, ocurrida en un bar del centro de Llíria el pasado domingo, acabó finalmente con dos menores detenidos por **riña tumultuaria y lesiones**, y el dueño del establecimiento y un familiar heridos en la trifulca. Al parecer, el origen del altercado fue la negativa del propietario a que los jóvenes usaran la máquina de apuestas, ya que estaban generando problemas entre la clientela.

Accede al artículo desde la siguiente dirección web:

https://bit.ly/3tRF1oB

Test

1. Hay casos en los que la violencia protagonizada por los menores es extrema:

a) Ello conmociona a la sociedad y por lo tanto hay una repercusión mediática que acaba materializándose en reformas legales.

b) Ello conmociona a la sociedad y por lo tanto no hay una repercusión mediática, pero acaba materializándose en reformas legales.

c) Ello provoca serenidad en la sociedad y por lo tanto hay una repercusión mediática que acaba materializándose en reformas legales.

d) Ello conmociona a la sociedad y por lo tanto hay una repercusión mediática que no acaba materializándose en reformas legales.

> RESPUESTA: **La A, hay casos en los que la violencia protagonizada por los menores es extrema, ello conmociona a la sociedad y por lo tanto hay una repercusión mediática que acaba materializándose en reformas legales que no siempre van acompañadas del suficiente sosiego y estudios criminológicos empíricos que demuestren que lo que se va a modificar servirá a la sociedad y no solamente para calmar «la sed de venganza» (ABADÍAS SELMA, 2022)**

2. La acción punible del delito de homicidio ha de:

a) Existir un nexo causal entre el sujeto pasivo y el fallecimiento de la víctima, es decir, se ha de demostrar que el fallecimiento ha sido una consecuencia directa de la acción del homicida.

b) Existir un nexo causal entre el sujeto activo y el fallecimiento de la víctima, es decir, se ha de demostrar que el fallecimiento ha sido una consecuencia directa de la acción del homicida.

c) Existir un nexo causal entre el sujeto activo y el fallecimiento de la víctima, es decir, no se ha de demostrar que el fallecimiento ha sido una consecuencia directa de la acción del homicida.

d) Existir un nexo causal entre el sujeto activo y el fallecimiento de la víctima, es decir, se ha de demostrar que el fallecimiento ha sido una consecuencia indirecta de la acción del homicida.

> RESPUESTA: **La B, ha de existir un nexo causal entre el sujeto activo y el fallecimiento de la víctima, es decir, se ha de demostrar que el fallecimiento ha sido una consecuencia directa de la acción del homicida.**

3. El homicidio es un:

a) Delito de peligro abstracto.
b) Delito de resultado.
c) Todas son correctas.
d) A y B son falsas.

RESPUESTA: **La C, El homicidio es un delito de resultado, pues, el resultado es el fallecimiento de una persona viva.**

4. En el delito de homicidio cabe:

a) La autoría directa y la inducción, pero no la cooperación y la complicidad.
b) Solo la autoría directa y la coautoría.
c) Solo la cooperación y la complicidad.
d) La autoría directa, la inducción, la cooperación, la complicidad y la coautoría.

RESPUESTA: **La D, Cabe la autoría directa, la inducción, la cooperación y la complicidad a tenor de los arts. 28 y 29 CP. Cabe también la coautoría (LACRUZ LÓPEZ, 2015).**

5. Las acciones imprudentes en menores:

a) No podrán ser sancionadas.
b) Podrán ser sancionadas con cualquier medida prevista en el art.7 de la LORPM.
c) No podrán ser sancionadas con medidas de internamiento en régimen cerrado.
d) Serán sancionadas con libertad vigilada.

RESPUESTA: **La C, las acciones u omisiones imprudentes no podrán ser sancionadas con medidas de internamiento en régimen cerrado (El art. 9.4 de la LORPM).**

6. Según ABADÍAS SELMA, hay numerosa jurisprudencia que señala con circunstancia siempre alevosa:

a) La muerte de un niño.
b) La muerte de personas de edad muy avanzada.
c) La muerte de personas con algún tipo de discapacidad que les impide defenderse.
d) Todas son correctas.

RESPUESTA: **La D, hay numerosa jurisprudencia que señala como circunstancia siempre alevosa, la muerte de un niño, personas de edad muy avanzada y personas con algún tipo de discapacidad que les impide defenderse (ABADÍAS SELMA, 2022).**

7. Se apreciará ensañamiento cuando:

a) Cuando se esté apuñalando varias veces a un cadáver.
b) Cuando se esté apuñalando más de tres veces a un cadáver.
c) Cuando se esté apuñalando al menos cinco veces a un cadáver.
d) No se apreciará ensañamiento cuando se está apuñalando varias veces a un cadáver.

RESPUESTA: **La D, no se apreciará ensañamiento cuando se está apuñalando varias veces a un cadáver.**

8. La diferencia entre el homicidio y el asesinato es:

a) La concurrencia de alguna de las circunstancias del art. 139.1 CP.
b) La concurrencia de alguna de las circunstancias del art. 138.1 CP.
c) La concurrencia de alguna de las circunstancias del art. 140 CP.
d) La concurrencia de alguna de las circunstancias del art. 140.1 CP.

RESPUESTA: **La A, es la concurrencia de alguna de las circunstancias del art. 139.1 CP lo que diferencia el homicidio del asesinato.**

9. Según la jurisprudencia, las lesiones psíquicas por imprudencia:

a) Se castigan con mayor medida.
b) Se castigan con menor medida.
c) Todas son falsas.
d) No se pueden cometer por imprudencia.

RESPUESTA: **La D, Según la jurisprudencia, las lesiones psíquicas no se pueden cometer por imprudencia (Abadías Selma, 2022).**

10. La participación en la riña:

a) Queda absorbida por el delito más grave de homicidio cuando los medios peligrosos empleados afectan a la integridad de otras personas intervinientes en la pelea.
b) No queda absorbida por el delito más grave de homicidio cuando los medios peligrosos empleados afectan a la integridad de otras personas intervinientes en la pelea.
c) Queda absorbida por el delito más grave de homicidio cuando los medios peligrosos empleados no afectan a la integridad de otras personas intervinientes en la pelea.
d) Todas son falsas.

RESPUESTA: **La B, la participación en la riña no queda absorbida por el delito más grave de homicidio cuando los medios peligrosos empleados afectan a la integridad de otras personas intervinientes en la pelea.**

TEMA III.

DELITOS CONTRA LA INDEMNIDAD SEXUAL DE MENORES

AGRESIONES A MENORES

Introducción y objetivos

Ley Orgánica 10/2022, de 6 de septiembre, de garantía integral de la libertad sexual

La falta de consentimiento es el elemento central de la tipicidad en el que se apoya la intervención penal, haciendo una interpretación de este en términos semejantes a los del Convenio de Estambul

Agresiones sexuales menores de dieciséis años

Imposición de programas formativos de educación sexual y de educación en igualdad

Agresiones sexuales menores de dieciséis años

Reformas del CP a través de Ley Orgánica

1. Introducción y objetivos

Dos menores, condenados a internamiento por violar a una adolescente en Jaén

La condena emitida por el Tribunal de Menores, según el Tribunal Superior de Justicia Andaluz, es de las más graves en los últimos diez años.

Fuente: https://bit.ly/3IrrPuO

Esta condena, según el Tribunal Superior de Justicia Andaluz, es de las más graves dictadas en los últimos diez años por un juzgado de menores. Se impone la medida de internamiento cerrado porque es la medida que viene establecida en la LORPM (art.10) para este tipo de hechos delictivos y su duración se establece tomando en consideración las **circunstancias y gravedad** de los hechos, y todos los datos sobre el entorno de los menores.

> Para saber más, accede a la siguiente dirección web:
> https://bit.ly/3IrrPuO

La Fiscalía General del Estado (FGE, págs. 779 y 780) en sus memorias 2022 muestra su preocupación por el importante y progresivo incremento de los delitos contra la libertad sexual durante los últimos años perpetrados por menores.

Se hace hincapié en los comportamientos altamente sexualizados a edades muy tempranas, claro ejemplo lo tenemos en Madrid, con 216 casos registrados de abusos sexuales, los cuales 38 afectaban a menores de edad inferior a catorce años, o Guipúzcoa con 29 denuncias, que fueron archivadas por ser los autores menores de catorce años.

Este comportamiento desviado puede también estar contribuyendo al aumento de los casos de delitos sexuales incestuosos.

Destaca Abadías Selma (2021) estudios donde se indican que los abusos sexuales sufridos por los menores tienen una clara repercusión en la edad adulta, e incluso ello incrementa la posibilidad de padecer nuevamente estos.

Los objetivos de aprendizaje de esta unidad son los siguientes:

- Aprender de manera introductoria la evolución legislativa sobre la edad de consentimiento sexual.

- Estudiar los diferentes grados de agresión sexual.
- Analizar las agresiones sexuales a menores de dieciséis años
- Conocer las directrices europeas.

2. Edad genérica de consentimiento sexual y tratamiento de las relaciones sexuales entre semejantes

La Directiva 2011/93/UE define la «edad de consentimiento sexual» como la «edad por debajo de la cual, de conformidad con el Derecho Nacional, está prohibido realizar actos de carácter sexual con un menor».

En el pasado, la edad prevista para el consentimiento sexual en el Código Penal era de trece años, y resultaba muy inferior a la de los restantes países europeos (donde la edad mínima se sitúa en torno a los quince o dieciséis años) y era una de las más bajas del mundo. Por ello, el Comité de la Organización de las Naciones Unidas sobre Derechos del Niño sugirió una reforma del Código penal español para elevar la edad del consentimiento sexual, adecuándose a las disposiciones de la Convención sobre los Derechos de la Infancia, y así mejorar la protección que España debe ofrecer a los menores, sobre todo en la lucha contra la prostitución infantil (Leal Ruiz, 2021).

Una de las modificaciones más notables en materia de delitos sexuales ha sido la LO 1/2015 que elevó a los dieciséis años la edad de especial protección frente a las distintas modalidades de victimización sexual, así como en la introducción de una previsión que deja al margen de la intervención penal los supuestos de ejercicio libre de la sexualidad entre iguales (Cabrera Martín, 2019).

Señala la Circular de la FGE 1/2017, de 6 de junio, que el legislador español, a la hora de determinar la validez del consentimiento del menor ha optado por un sistema mixto que atiende tanto a la franja de edad (criterio cronológico) como a las características individuales de desarrollo y madurez (criterio biopsicosocial).

Artículo 183 bis del CP

«Salvo en los casos en que concurra alguna de las circunstancias previstas en el apartado segundo del artículo 178, el libre consentimiento del menor de dieciséis años excluirá la responsabilidad penal por los delitos previstos en este capítulo cuando el autor sea una persona próxima al menor por edad y grado de desarrollo o madurez física y psicológica».

Esta eximente no operará en las circunstancias del art. 178 del CP, es decir:

- Se realice empleando violencia, intimidación.
- Abuso de una situación de superioridad.
- Vulnerabilidad de la víctima.
- Personas que se hallen privadas de sentido o de cuya situación mental se abusare.
- La víctima tenga anulada por cualquier causa su voluntad.

Este tipo de cláusula es conocida en el derecho anglosajón como la *Romeo and Juliet exception*. En la tragedia de Shakespeare, Julieta Capuleto no había cumplido todavía los 14 años. La obra no especifica la edad de Romeo, aunque sí se le describe como joven. La intención de este tipo de disposiciones reside en impedir que la norma, al decretar límites de edad, conlleve interpretaciones estrictas que imposibiliten contactos de naturaleza sexual consentidas entre personas jóvenes próximas en edad y madurez (LEAL RUIZ, 2021).

Auto del Tribunal Supremo n.° 655/2020 (Sala 2ª) de 10 septiembre de 2020

«Se declaran hechos probados en el presente procedimiento, en síntesis, que Paulino, nacido el 1996, inició una relación con la menor Elsa., nacida el día de 2002, sin que conste la antigüedad y duración de la misma, ni el pleno conocimiento por el procesado de la edad de la menor en esa fecha, que tenía 15 años, teniendo él 20 (...).

En un momento dado, encontrándose ambos besándose, estando los dos de pie y apoyada la menor sobre el muro, el procesado, tras besarle el cuello, bajó a la menor sus pantalones y le introdujo uno o dos dedos en la vagina, invitando a la menor a que le masturbase, actos a los que la menor no manifestó oposición alguna (...).

El procesado presenta un deterioro cognitivo importante y tenía, a la fecha de los hechos, un grado de desarrollo y de madurez semejante al de Elsa».

3. Agresiones sexuales

La reforma operada por la Ley Orgánica 10/2022, de 6 de septiembre, de garantía integral de la libertad sexual ha modificado entre otros el Capítulo I titulado «De las agresiones sexuales». Donde se expone que las violencias sexuales constituyen quizás una de las violaciones de derechos humanos más habituales y ocultas que se producen en la sociedad española, incidiendo que afectan de manera específica y desproporcionada a las mujeres y a las niñas, pero también a los niños.

Esto es corroborado por los datos de la macroencuesta sobre la Violencia Contra la Mujer del año 2019 que evidencia esta problemática:

«El porcentaje de mujeres de 16 o más años residentes en España que han sufrido violencia sexual fuera del ámbito de la pareja a lo largo de la vida es del 6,5%. Es decir, unas 1.322.052 mujeres han sufrido este tipo de violencia y el 0,5% (103.487) en los últimos 12 meses.

Un 2,2% (453.371 mujeres) del total de mujeres de 16 o más años residentes en España han sido violadas alguna vez en su vida.

En el caso de las niñas menores de 16 años, el porcentaje es del 3,4%, lo que se traduce en unas 703.925 niñas víctimas de violencias sexuales. Además, el 12,4% de las mujeres que han sufrido violencia sexual fuera de la pareja dice que en alguna de las agresiones sexuales participó más de una persona. Finalmente, casi en el 50% (40,6%) de los casos, la violencia se repitió más de una vez.»

Se elimina la distinción entre agresión y abuso sexual, considerándose agresiones sexuales todas aquellas conductas que atenten contra la libertad sexual sin el consentimiento de la otra persona.

Se consideran violencias sexuales los actos de naturaleza sexual no consentidos o que condicionan el libre desarrollo de la vida sexual en cualquier ámbito público o privado, lo que incluye la agresión sexual, el acoso sexual y la explotación de la prostitución ajena, así como todos los demás delitos previstos en el Título VIII del Libro II de la Ley Orgánica 10/1995, de 23 de noviembre, del Código Penal, todo ello orientado específicamente a proteger a los menores de edad.

Otra novedad de esta reforma es la introducción como agravante de la «sumisión química», que, en opinión de MAGRO SERVET (2021), tendrá una dificultad probatoria que será acreditar que el estado de la víctima de estar bebida o drogada fue causado por el acusado, pues la agravante se centra en que «el autor haya anulado la voluntad de la víctima suministrándole (...)». Aunque si se aprovecha de ese estado, sería uno de los supuestos de agresión sexual del art. 178 del CP.

También se han modificado artículos de la Ley Orgánica, 5/2000 de 12 de enero, reguladora de la responsabilidad penal de los menores, en el que se les impone a los menores que hayan cometido algún delito sexual a realizar programas formativos de educación sexual y de educación en igualdad:

Artículo 7.5 de la LORPM

«5. Cuando la medida impuesta lo sea por la comisión de un delito de los previstos en los Capítulos I y II del Título VIII del Código Penal, el Juez **impondrá** de forma accesoria, en todo caso, **la obligación de someterse a programas formativos de educación sexual y de educación en igualdad**.»

Artículo 10.2 de la LORPM

«2. Cuando el hecho sea constitutivo de alguno de los delitos tipificados en los artículos 138, 139, 178 a 183 y 571 a 580 del Código Penal, o de cualquier otro delito que tenga señalada en dicho Código o en las leyes penales especiales pena de prisión igual o superior a quince años, el Juez deberá imponer las medidas siguientes:

a) si al tiempo de cometer los hechos el menor tuviere catorce o quince años de edad, una medida de internamiento en régimen cerrado de uno a cinco años de duración, complementada en su caso por otra medida de libertad vigilada de hasta tres años.

b) si al tiempo de cometer los hechos el menor tuviere dieciséis o diecisiete años de edad, una medida de internamiento en régimen cerrado de uno a ocho años de duración, complementada en su caso por otra de libertad vigilada con asistencia educativa de hasta cinco años. En este supuesto sólo podrá hacerse uso de las facultades de modificación, suspensión o sustitución de la medida impuesta a las que se refieren los artículos 13, 40 y 51.1 de esta ley orgánica, cuando haya transcurrido al menos, la mitad de la duración de la medida de internamiento impuesta.

c) cuando el delito cometido lo sea de **los tipificados en los artículos 178 a 183** del Código Penal, las medidas previstas en los dos apartados anteriores **deberán acompañarse de una medida de educación sexual y educación para la igualdad**».

También se tendrán que realizar estos programas formativos sexuales cuando en base al interés del menor se modifique la medida impuesta.

Artículo 13.1 de la LORPM

«1. El Juez competente para la ejecución, de oficio o a instancia del Ministerio Fiscal o del letrado del menor, previa audiencia de estos e informe del equipo técnico y, en su caso, de la entidad pública de protección o reforma de menores, podrá en cualquier momento dejar sin efecto la medida impuesta, reducir su duración o sustituirla por otra, siempre que la modificación redunde en el interés del menor y se exprese suficientemente a este el reproche merecido por su conducta. Cuando el delito cometido esté tipificado en los Capítulos I y II del Título VIII del Código Penal, **sólo podrá dejarse sin efecto la medida si se acredita que la persona sometida a la misma ha cumplido la obligación prevista en el apartado 5 del artículo 7.**»

En el tema de la conciliación en estos delitos entre la víctima y el menor con el consiguiente sobreseimiento y archivo de las actuaciones solo se podrá realizar cuando la víctima lo solicite expresamente y además el menor cumpla el programa formativo sexual e igualdad.

Artículo 19.2 de la LORPM

«2. A efectos de lo dispuesto en el apartado anterior, se entenderá producida la conciliación cuando el menor reconozca el daño causado y se disculpe ante la víctima, y ésta acepte sus disculpas, y se entenderá por reparación el compromiso asumido por el menor con la víctima o perjudicado de realizar determinadas acciones en beneficio de aquellos o de la comunidad, seguido de su realización efectiva. Todo ello sin perjuicio del acuerdo al que hayan llegado las partes en relación con la responsabilidad civil.

Cuando la medida sea consecuencia de la comisión de alguno de los delitos tipificados en los Capítulos I y II del Título VIII del Código Penal, o estén relacionados con la violencia de género, **no tendrá efecto de conciliación**, a menos que la víctima **lo solicite expresamente** y que el menor, además, haya realizado la **medida accesoria de educación sexual y de educación para la igualdad**.»

Abadías Selma (2021) señala que las medidas se han de cumplir en el domicilio más cercano del menor y, sin embargo, en España no todas las provincias tienen un centro de reforma para el cumplimiento de la medida de internamiento en régimen cerrado, así es en Tarragona. Así pues, un menor que pueda tener domicilio en Tarragona tendrá que ser trasladado a un centro de reforma de otra provincia con el riesgo de desarraigo que ello puede conllevar

La Constitución española en su artículo 10 nos ilustra:

«La dignidad de la persona, los derechos inviolables que le son inherentes, el libre desarrollo de la personalidad, el respeto a la ley y a los derechos de los demás son fundamento del orden político y de la paz social.

Las normas relativas a los derechos fundamentales y a las libertades que la Constitución reconoce se interpretarán de conformidad con la Declaración Universal de Derechos Humanos y los tratados y acuerdos internacionales sobre las mismas materias ratificados por España».

Abadías Selma (2022) indica que «el derecho al libre desarrollo de la personalidad, en el cual debe enmarcarse la indemnidad sexual cuando se habla de menores de edad, para los cuales se pretende proteger el desarrollo de su personalidad, evitando alteraciones futuras de la misma en el ámbito sexual»

Tipo básico de agresión sexual

ART. 178 CP

«1. Será castigado con la pena de prisión de uno a cuatro años, como responsable de agresión sexual, el que realice cualquier acto que atente contra la libertad sexual de otra persona sin su consentimiento. Sólo se entenderá que hay consentimiento cuando se haya manifestado libremente mediante actos que, en atención a las circunstancias del caso, expresen de manera clara la voluntad de la persona».

➔ **Acción punible**: la falta de consentimiento es el elemento central de la tipicidad en el que se apoya la intervención penal haciendo una interpretación de este en términos semejantes a los del Convenio de Estambul (art. 36.2).

«El consentimiento debe prestarse voluntariamente como manifestación del libre arbitrio de la persona considerado en el contexto de las condiciones circundantes».

El legislador ha querido diferenciar el consentimiento y la voluntad, concibiendo que solo hay consentimiento valido cuando el mismo responde a una voluntad libre, lo que conlleva a la invalidez del consentimiento si se obtiene bajo situaciones de coacción o de inferioridad. Con la expresión «mediante actos» no se permite el consentimiento tácito o presunto.

Sobre el consentimiento expreso de la víctima en delitos sexuales ya ha tenido oportunidad de pronunciarse el Tribunal Supremo con detalle en la Sentencia 145/2020 de 14 May. 2020, Rec. 10613/2019, donde se recoge que:

> «1.- La decisión de la mujer sobre su libertad sexual no permite la coacción, la violencia o la intimidación, ya que la libertad de decidir con quien desea mantener una relación sexual es patrimonio de la mujer, y no puede ser interpretado subjetivamente por nadie y atribuirse una decisión de mantener relaciones sexuales con ella salvo que exista un expreso consentimiento de la víctima para tal fin.
>
> 2.- Si no existe el consentimiento, la libertad sexual de la víctima está por encima de las interpretaciones subjetivas que pueda llevar a cabo el agresor, ya que "no está legitimado para interpretar sobre la decisión de la mujer", sino a preguntar si desea tener relaciones sexuales y no forzarle directamente a tenerlas, que es lo que aquí ocurrió con la presencia de los tres recurrentes.
>
> 3.- Las interpretaciones subjetivas del autor en cuanto a la relación sexual con otra persona quedan fuera de contexto si no hay consentimiento de esta última».

➔ **Bien jurídico protegido**: es la libertad sexual, la salud, la dignidad y la libertad.

➔ **Sujeto activo**: puede serlo cualquier persona.

➔ **Sujeto pasivo**: es necesario que sea mayor de 16 años, pues sino se trataría de una de las figuras del 181 y ss. del CP.

➔ **Forma específica de agresión sexual**.

> «2. A los efectos del apartado anterior, se consideran en todo caso agresión sexual los actos de contenido sexual que se realicen empleando violencia, intimidación o abuso de una situación de superioridad o de vulnerabilidad de la víctima, así como los que se ejecuten sobre personas que se hallen privadas de sentido o de cuya situación mental se abusare y los que se realicen cuando la víctima tenga anulada por cualquier causa su voluntad».

Nos encontramos ante diferentes tipos de conductas de contenido sexual, a saber:

- Se realice empleando violencia, intimidación.
- Abuso de una situación de superioridad.
- Vulnerabilidad de la víctima.
- Personas que se halles privadas de sentido o de cuya situación mental se abusare.
- La víctima tenga anulada por cualquier causa su voluntad.

Supuesto atenuado

> «3. El órgano sentenciador, razonándolo en la sentencia, y siempre que no concurran las circunstancias del artículo 180, podrá imponer la pena de prisión en su mitad inferior o multa de dieciocho a veinticuatro meses, en atención a la menor entidad del hecho y a las circunstancias personales del culpable».

Es decir, siempre que la conducta no intervenga la actuación conjunta de dos o más personas o la agresión sexual vaya precedida o acompañada de una violencia de extrema gravedad o de actos que revistan un carácter particularmente degradante o vejatorio.

Artículo 179 CP

«Cuando la agresión sexual consista en acceso carnal por vía vaginal, anal o bucal, o introducción de miembros corporales u objetos por alguna de las dos primeras vías, el responsable será castigado como reo de violación con la pena de prisión de cuatro a doce años».

➜ **Acción punible**: la agresión sexual que puede consistir en el acceso carnal, por las diversas vías que señala el precepto (vaginal, anal o bucal); así como en la introducción de miembros corporales u objetos por vía vaginal o anal («por alguna de las dos primeras vías», señala el precepto).

➜ **Elemento subjetivo**: anteriormente, se exigía el animus libidinoso, pero hoy basta que el sujeto activo conozca que está realizando un acto contra la voluntad de la víctima.

➜ **Consumación**: el delito se consuma cuando el sujeto activo realiza los actos sobre el cuerpo de la víctima.

➜ Se admite la **comisión por omisión** siempre que exista una persona garante que tenga el deber de impedir el delito.

➜ **Concurso de delitos**: Hay que acudir a la regla de absorción prevista en el art. 8.3 del CP, con arreglo a la cual: «3.ª El precepto penal más amplio o complejo absorberá a los que castiguen las infracciones consumidas en aquél». Por ejemplo, en el caso en el que haya amenazas, la desaprobación de una conducta descrita por la ley y expresada en la pena que la misma ley señala para esa conducta ***(lex consumens)***, abarca el desvalor de otro comportamiento descrito y penado en otro precepto legal ***(lex consumpta)***.

➜ **Sujeto activo**: Es igualmente sujeto activo tanto quien accede contra la voluntad de la víctima como quien obliga a acceder.

➜ **Sujeto pasivo**: puede ser la mujer, en cualquiera de sus diversas formas o, en el caso de penetración bucal o anal, también el hombre.

➜ **Consumación**: se consuma con el **acceso o introducción**, sin que posteriormente quepa el desistimiento. La introducción parcial también es consumación.

➜ Cabe la **tentativa inacabada** que se producirá cuando, ejercitada la violencia o intimidación, la conducta sexual no llega a realizarse.

Juzgado de Menores de Jaén. Sentencia n.º 32/2017 de 20 febrero de 2017

«Tras este episodio el menor siguió con amenazas y chantajes a la menor continuando su actitud de hostigamiento para que mantuviera relaciones sexuales con ella, y así en el mes de marzo de 2015 consiguió que la menor se dirigiera a su domicilio con el propósito de pedirle disculpas por lo acaecido en el mes de septiembre anterior manifestándole que se lo había contado a su madre. Allí una vez que XXXXX llegó al citado domicilio, F. le dijo que su madre estaba en el cuarto de baño de arriba (extremo que la menor comprobó que no era cierto) y que le esperase en su habitación en la que la cogió del brazo, la tiró en la cama y empezó a subirse encima de ella y a ponerle los brazos encima de la cabeza, bajándole la ropa interior y haciéndola objeto de tocamientos en sus partes íntimas en las que llegó a introducirle un dedo.

Aproximadamente dos meses después, en el mes de mayo de 2015, el menor se dirigió al domicilio de XXXXX, situado en la misma localidad, y logró entrar en el mismo pese a la resistencia que opuso XXXXX, y aprovechando que estaba sola y pese a que la menor quiso escapar escaleras arriba, la cogió del brazo y en la tiró en un banco de piedra que hay en su casa, colocándose encima de ella y sujetándole los brazos le quitó la ropa interior y la penetró retirándose para eyacular en el suelo.

(...) como autor de dos delitos de agresión sexual previstos y penados en el artículo 178 y 179 del Código Penal».

Tipo agravado

Artículo 180 CP

«Las anteriores conductas serán castigadas con la pena de prisión de dos a ocho años para las agresiones del artículo 178.1 y de siete a quince años para las del artículo 179 cuando concurra alguna de las siguientes circunstancias, salvo que las mismas hayan sido tomadas en consideración para determinar que concurren los elementos de los delitos tipificados en los artículos 178 o 179:

1.ª Cuando los hechos se cometan por la actuación conjunta de dos o más personas».

➜ Violencia de extrema gravedad o revistan un carácter particularmente degradante o vejatorio.

«2.ª Cuando la agresión sexual vaya precedida o acompañada de una violencia de extrema gravedad o de actos que revistan un carácter particularmente degradante o vejatorio».

➜ Especial vulnerabilidad de la víctima.

La circunstancia de que la víctima se encuentre en una situación de indefensión, inferioridad o desvalimiento permite la facilitación de la conducta.

«3.ª Cuando los hechos se cometan contra una persona que se halle en una situación de especial vulnerabilidad por razón de su edad, enfermedad, discapacidad o por cualquier otra circunstancia, salvo lo dispuesto en el artículo 181».

➜ Violencia de género.

Se ha introducido específicamente la víctima de violencia de género.

«4.ª Cuando la víctima sea o haya sido esposa o mujer que esté o haya estado ligada por análoga relación de afectividad, aun sin convivencia».

➜ Agresiones sexuales en situación de prevalimiento.

En esta conducta la víctima tiene menor capacidad de resistencia al existir en el sujeto activo una situación de superioridad o parentesco lo que faculta que se pueda realizar con mayor facilidad.

«5.ª Cuando, para la ejecución del delito, la persona responsable se hubiera prevalido de una situación de convivencia o de parentesco, por ser ascendiente, o hermano, por naturaleza o adopción, o afines, o de una relación de superioridad con respecto a la víctima.

6.ª Cuando el responsable haga uso de armas u otros medios igualmente peligrosos, susceptibles de producir la muerte o alguna de las lesiones previstas en los artículos 149 y 150 de este Código, sin perjuicio de lo dispuesto en el artículo 194 bis».

➜ Agresiones sexuales, uso de fármacos, drogas u otras sustancias (la sumisión química).

El empleo de estas sustancias es el medio utilizado para llegar a anular la voluntad de la víctima y conseguir el fin del ataque a la libertad sexual.

«7.ª Cuando para la comisión de estos hechos el autor haya anulado la voluntad de la víctima suministrándole fármacos, drogas o cualquier otra sustancia natural o química idónea a tal efecto».

Supuestos hiperagravados

«2. Si concurrieren dos o más de las anteriores circunstancias, las penas respectivamente previstas en el apartado 1 de este artículo se impondrán en su mitad superior.

3. En todos los casos previstos en este capítulo, cuando el culpable se hubiera prevalido de su condición de autoridad, agente de esta o funcionario público, se impondrá, además, la pena de inhabilitación absoluta de seis a doce años».

Su fundamento reside en la mayor facilidad para la comisión del hecho que se deriva de la presencia de varios sujetos y la menor posibilidad de que la víctima se pueda defender (GÓMEZ RIVERO *et. al.* 2020, p. 287).

Aquí estaríamos ante casos especialmente deleznables de **abuso de superioridad e indefensión de la víctima** como el tristemente caso tan mediático de La Manada.

Afecta no solo a la libertad sexual de la víctima además de su integridad física sino también de su dignidad como persona al ser los medios comisivos empleados degradantes o vejatorios.

Audiencia Provincial de Barcelona (Sección 3ª) Sentencia n.º 346/2020 de 18 septiembre de 2020

«Tras ello el menor se bajó los pantalones y sacó su miembro sexual y sujetando con una mano la cabeza de la menor (por el pelo) y con la otra mano sujetando su pene, lo dirigió hacia la boca de la menor para introducírselo, si bien la menor cerró la boca, hizo movimientos de cabeza para que no se lo introdujera y extendió las manos para apartar al menor, intentándolo éste un par de veces sin conseguirlo por la oposición de la menor. No queda acreditado que el menor repitiese dicha acción en una segunda ocasión ni que, para conseguir su propósito, el menor tapase la nariz de la menor para que abriera la boca y conseguir de esta forma introducir su pene en la boca. Seguidamente, el menor, movido de igual forma por su ánimo lúbrico y excitación sexual, aprovechándose de la situación de discapacidad de la menor que la impedía abandonar el lugar a su voluntad y dependía de él para moverse y volver a su silla de ruedas eléctrica, conmina a la menor a realizarle una masturbación a cambio de volver a colocarla en la silla (...)».

4. Agresiones sexuales a menores de dieciséis años

Tenemos que observar que aquí no habrá como elemento esencial la falta de consentimiento pues todo consentimiento emitido por un menor de dieciséis años es irrelevante e inválido. Por tanto, el consentimiento es nulo por razón de edad con la excepción del art. 183 bis.

ART. 181.1 del CP

«1. El que realizare actos de carácter sexual con un menor de dieciséis años, será castigado con la pena de prisión de dos a seis años.

A estos efectos se consideran incluidos en los actos de carácter sexual los que realice el menor con un tercero o sobre sí mismo a instancia del autor».

➔ **Acción punible**: realizar actos de carácter sexual con un menor de dieciséis años.

ART. 181.2. CP

«2. Si en las conductas del apartado anterior concurre alguna de las modalidades de agresión sexual descritas en el artículo 178, se impondrá una pena de prisión de cinco a diez años.

En estos casos, en atención a la menor entidad del hecho y valorando todas las circunstancias concurrentes, incluyendo las circunstancias personales del culpable, podrá imponerse la pena de prisión inferior en grado, excepto cuando medie violencia o intimidación o concurran las circunstancias mencionadas en el artículo 181.4».

Sentencia del Tribunal Supremo n.º 450/2018 (Sala 2ª) de 10 octubre

«Pedro Jesús se sentó en el suelo y Abelardo se sentó a su lado, para instantes después, Pedro Jesús coger con fuerza a Abelardo, poniéndole boca abajo sobre sus rodillas y durante los cinco siguientes minutos, tras bajarle los pantalones: le bajó y subió los calzoncillos, le volteó sobre sus piernas, le subía el calzoncillo para metérselo entre las nalgas, le dio más de veinte palmadas en las nalgas, le introdujo dos veces (en un intervalo de algo menos de dos minutos) con rapidez (...).

Que debo imponer e impongo al menor en el momento de los hechos Pedro Jesús, como autor criminalmente responsable de un delito de delito de agresión sexual sobre menor de 16 años con introducción vía anal de los artículos 183.2.3 del Código Penal».

ART.181.4 del CP

«4. Las conductas previstas en los apartados anteriores serán castigadas con la pena de prisión correspondiente en su mitad superior cuando concurra alguna de las siguientes circunstancias:

a) Cuando los hechos se cometan por la actuación conjunta de dos o más personas.

b) Cuando la agresión sexual vaya precedida o acompañada de una violencia de extrema gravedad o de actos que revistan un carácter particularmente degradante o vejatorio.

c) Cuando los hechos se cometan contra una persona que se halle en una situación de especial vulnerabilidad por razón de su edad, enfermedad, discapacidad o por cualquier otra circunstancia, y, en todo caso, cuando sea menor de cuatro años.

d) Cuando la víctima sea o haya sido pareja del autor, aun sin convivencia.

e) Cuando, para la ejecución del delito, el responsable se hubiera prevalido de una situación de convivencia o de una relación de superioridad o parentesco, por ser ascendiente, o hermano, por naturaleza o adopción, o afines, con la víctima.

f) Cuando el responsable haga uso de armas u otros medios igualmente peligrosos, susceptibles de producir la muerte o alguna de las lesiones previstas en los artículos 149 y 150 de este Código, sin perjuicio de lo dispuesto en el artículo 194 bis.

g) Cuando para la comisión de estos hechos el autor haya anulado la voluntad de la víctima suministrándole fármacos, drogas o cualquier otra sustancia natural o química idónea a tal efecto.

h) Cuando la infracción se haya cometido en el seno de una organización o de un grupo criminal que se dedicare a la realización de tales actividades.».

Desde 2016 hasta el 20 de octubre del 2020 en España se han registrado 211 agresiones sexuales múltiples conocidas. Al menos 171 eran menores de edad cuando perpetraron las agresiones (el 24%): uno de cada cuatro. Por su parte, de las 225 víctimas registradas, una de cada tres eran menores de edad (83 de ella, ellos 37%). Una de cada diez de las agresiones sexuales múltiples conocidas desde 2016 se convirtió en material pornográfico por los agresores: consta al menos una fotografía o grabación a la víctima en 22 casos (el 10,9 %) (GEO VIOLENCIA SEXUAL, 2021).

Como los hechos que ocurrieron en Igualada donde una menor de 16 años fue agredida sexualmente con una violencia extrema. La joven sufrió una fractura en el cráneo, además de golpes violentos por todo el cuerpo.

Cuando la víctima sea menor de cuatro años no será necesario probar la especial indefensión pues se presume iuris et de iure (GÓMEZ RIVERO *et. al* 2020, p. 312).

➔ Según el Tribunal Supremo (Sentencia 305/2013 de 12 de abril) el prevalimiento debe entenderse como:

> «Cualquier estado o situación que **otorgue al sujeto activo una posición privilegiada respecto del sujeto pasivo de la que el primero no solamente se aprovecha, sino que es consciente de que le confiere una situación de superioridad**, para abusar sexualmente de la víctima, que de esta forma no presta su consentimiento libremente, sino viciado, coaccionado o presionado por tal situación (...).
>
> En **el prevalimiento, la situación que coarta la libertad de decisión es una especie de intimidación, pero de grado inferior**, que no impide absolutamente tal libertad, pero que la **disminuye considerablemente**.
>
> f) Cuando el responsable haga uso de armas u otros medios igualmente peligrosos, susceptibles de producir la muerte o alguna de las lesiones previstas en los artículos 149 y 150 de este Código, sin perjuicio de lo dispuesto en el artículo 194 bis.
>
> g) Cuando para la comisión de estos hechos el autor haya anulado la voluntad de la víctima suministrándole fármacos, drogas o cualquier otra sustancia natural o química idónea a tal efecto».

Antes de la reforma esta conducta se consideraba como abuso sexual y ahora pasa a ser agresión sexual con agravante por el aprovechamiento de la debilidad en la que se encuentra la víctima.

Resulta necesario acudir a la definición de organización y grupo criminal recogido en los arts. 570 bis y ter. Es imprescindible que la agresión sexual se realice en el seno de uno de estos entes criminales sino es así no se podría castigar por este artículo.

Será cooperador necesario, no solo el que contribuye o coadyuva al acceso carnal ajeno, aportando su esfuerzo físico para doblegar la voluntad opuesta de la víctima, sino también aquel o aquellos que respondiendo a un plan conjunto ejecutan con otros una acción en cuyo desarrollo se realiza una violación o violaciones, aunque no se sujetase a la víctima porque la presencia de varios individuos concertados para llevar a cabo el ataque contra la libertad sexual conlleva en sí mismo un fuerte componente intimidatorio mucho más frente a una única joven y en lugar solitario (STS n.º 344/2019).

Artículo 182 del CP

> «1. El que, con fines sexuales, haga presenciar a un menor de dieciséis años actos de carácter sexual, aunque el autor no participe en ellos, será castigado con una pena de prisión de seis meses a dos años.
>
> 2. Si los actos de carácter sexual que se hacen presenciar al menor de dieciséis años constituyeran un delito contra la libertad sexual, la pena será de prisión de uno a tres años».

Con la introducción de «aunque el autor no participe en ellos» se penaliza tanto a los actos que sean en forma presencial como virtual.

5. Grado de adecuación a las directrices europeas

En el plano internacional en los últimos años se ha producido un interés a favor del reconocimiento de los derechos de los menores y en particular en contra de la victimización sexual infantil.

El Consejo de Europa y de la Unión Europea han aprobado instrumentos dirigidos a configurar una política criminal común que determine la armonización de los ordenamientos estatales.

Destacan los siguientes:

- El Convenio, de 23 de noviembre de 2001, sobre Ciberdelincuencia, auspiciado por el Consejo de Europa.
- Decisión marco 2004/68/JAI del Consejo, de 22 de diciembre de 2003, relativa a la lucha contra la explotación sexual de los niños y la pornografía infantil (en adelante, Decisión marco 2004/68/JAI).
- El Convenio del Consejo de Europa de 25 de octubre de 2007, para la protección de los niños contra la explotación y el abuso sexual.
- La Directiva 2011/93/UE, del Parlamento Europeo y del Consejo, de 13 de diciembre de 2011, relativa a la lucha contra los abusos sexuales, la explotación sexual de los menores y la pornografía infantil.

El seguimiento de las directrices europeas son el origen de las diversas reformas operadas en el CP, realizadas a través de la; LO 11/1999, de 30 de abril, LO 15/2003, de 25 de noviembre, LO 5/2010, de 22 de junio y LO 1/2015, de 30 de marzo.

6. Referencias bibliográficas

Abadías Selma, A., *Delincuencia juvenil. Temas para su estudio*. 1ª edición, Editorial Colex, A Coruña, 2021.

Abadías Selma, A., *Derecho penal. Parte especial. Temas prácticos para su estudio*, 2.ª edición. Editorial Colex, A Coruña, 2022.

Cabrera Martín. M., *La victimización sexual de menores en el código penal español y en la política criminal internacional*. Dykinson. Madrid, 2019.

Físcalia general del estado. Memorias 2022. Disponible en: https://www.fiscal.es/documentaci%C3%B3n (Fecha de la consulta: el 12 de septiembre de 2022).

Geo violencia sexual. (2021). Disponible en: https://bit.ly/3u2xAI3 (Fecha de la consulta: el 1 de septiembre de 2022).

Gómez Rivero, M.ª C., Nieto Martín, A., Cortés Bechiarelli, E. y **Núñez Castaño, E.**, *Nociones fundamentales de derecho penal. Parte especial*. Tecnos, Madrid, 2020.

LEAL RUIZ, R., «Delitos contra la indemnidad sexual entre menores», en *Cuestiones penales a debate*, SIMÓN CASTELLANO, P. y ABADÍAS SELMA, A. (coords.) Bosch, Barcelona, 2021.

MAGRO SERVET, V., «Análisis comparativo acerca de la inminente reforma del Código Penal en los delitos contra la libertad sexual», en *Diario La Ley*, doctrina, 2021.

SUÁREZ-MIRA RODRÍGUEZ, C. «Abusos sexuales a menores: arts. 182, 183 y 183bis CP». en GONZÁLEZ CUSSAC, J. L. (Dir.) MATALLÍN EVANGELIO, Á. y GÓRRIZ ROYO, E. (coords.), *Comentarios a la reforma del Código penal de 2015*, 2ª edición. Tirant lo Blanch. Valencia, 2015.

Jurisprudencia

- Sentencia del Tribunal Supremo nº 305/2013 (Sala 2ª) de 12 de abril.
- Sentencia del Tribunal Supremo nº 303/2016 (Sala 2ª) de 12 de abril.
- Sentencia del Tribunal Supremo n.º 396/2018 (Sala 2ª) de 26 de julio de 2018.
- Sentencia del Tribunal Supremo n.º 450/2018 (Sala 2ª) de 10 octubre.
- Sentencia del Tribunal Supremo n.º 344/2019 (Sala 2ª) de 4 de julio de 2019.
- Auto del Tribunal Supremo n.º 655/2020 (Sala 2ª) de 10 septiembre de 2020.
- Audiencia Provincial de Barcelona (Sección 3ª) Sentencia n.º 346/2020 de 18 septiembre de 2020.
- Audiencia Provincial de Lleida n.º 376/2019 de 9 de octubre de 2019.
- Juzgado de Menores de Jaén. Sentencia n.º 32/2017 de 20 febrero de 2017.

Legislación

Europea

- Instrumento de Ratificación del Convenio sobre la Ciberdelincuencia, hecho en Budapest el 23 de noviembre de 2001.
- Decisión marco 2004/68/JAI del Consejo, de 22 de diciembre de 2003, relativa a la lucha contra la explotación sexual de los niños y la pornografía infantil.

- Directiva 2011/93/UE del Parlamento Europeo y del Consejo, de 13 de diciembre de 2011, relativa a la lucha contra los abusos sexuales y la explotación sexual de los menores y la pornografía infantil y por la que se sustituye la Decisión marco 2004/68/JAI del Consejo.

Española

- Constitución Española, «BOE» núm. 311, de 29/12/1978.
- Ley Orgánica 11/1999, de 30 de abril, de modificación del Título VIII del Libro II del Código Penal, aprobado por Ley Orgánica 10/1995, de 23 de noviembre.
- Ley Orgánica 5/2000, de 12 de enero, reguladora de la responsabilidad penal de los menores.
- Ley Orgánica 15/2003, de 25 de noviembre, por la que se modifica la Ley Orgánica 10/1995, de 23 de noviembre, del Código Penal.
- Ley Orgánica 5/2010, de 22 de junio, por la que se modifica la Ley Orgánica 10/1995, de 23 de noviembre, del Código Penal.
- Ley Orgánica 1/2015, de 30 de marzo, por la que se modifica la Ley Orgánica 10/1995, de 23 de noviembre, del Código Penal.
- Ley Orgánica 8/2021, de 4 de junio, de protección integral a la infancia y la adolescencia frente a la violencia.
- Ley Orgánica 10/2022, de 6 de septiembre, de garantía integral de la libertad sexual.

A fondo

Arrestados tres menores por la violación grupal de una niña en la Ribera

La Fiscalía de Menores ha instado el internamiento en un centro especializado de régimen cerrado de tres menores detenidos por la presunta comisión de una violación en grupo. La víctima es una niña de 15 años y los infractores tienen de 14 a 17 años de edad.

Para saber más, accede a la siguiente dirección web:

https://bit.ly/3KM2v4O

¿A quién le importa?

La periodista peruana, Teresina Muñoz-Nájar, aborda en este libro el abuso sexual contra varones menores de edad. Señala que indudablemente el abuso contra las niñas es un delito terrible que deja huellas profundas y dolorosas en sus víctimas, pero afirma que el de los niños contiene un estigma particular: el prejuicio que existe sobre la homosexualidad.

La Manada de la Arandina: la menor denuncia que se sometió a los futbolistas para acabar pronto

Varios chicos pertenecientes a ese club mantuvieron relaciones sexuales con una menor de 15 años. Fueron condenados dos de ellos por abusos sexuales y uno absuelto en virtud del art. 183 quater CP. Por el equipo psicosocial «se expuso que la madurez de Ginés y Leticia era similar, y la diferencia de edad, 15 y 19 años no es importante»

Para saber más, accede a la siguiente dirección web:

https://bit.ly/3fUg83B

Test

1. Según las memorias de la FGE 2022 los delitos contra la libertad sexual realizados por menores ha:

a) Disminuido.
b) Aumentado.
c) Quedado estable.
d) Ninguna es válida.

RESPUESTA: La B, muestra su preocupación por el importante y progresivo incremento de los delitos contra la libertad sexual durante los últimos años realizados por menores.

2. Se impone la medida de internamiento cerrado para tipos como agresión sexual y su duración se establece atendiendo a:

a) Las circunstancias y gravedad de los hechos.
b) Todos los datos sobre el entorno de los menores.
c) Solo a la gravedad de los hechos.
d) A y B son correctas.

RESPUESTA: La D, se impone la medida de internamiento cerrado porque es la medida que viene establecida en la LORPM (art.10) para este tipo de hechos delictivos y su duración se establece tomando en consideración las circunstancias y gravedad de los hechos, y todos los datos sobre el entorno de los menores.

3. Destaca Abadías Selma estudios donde se indican que los abusos sexuales sufridos por los menores tienen una clara:

a) Repercusión en la edad adulta, e incluso incrementa la posibilidad de padecer nuevamente estos.
b) Repercusión en la adolescencia, e incluso incrementa la posibilidad de padecer nuevamente estos.
c) Repercusión en la edad adulta, pero no incrementa la posibilidad de padecer nuevamente estos.
d) No tienen ninguna repercusión a nivel psicológico.

RESPUESTA: La A, destaca Abadías Selma (2021) estudios donde se indican que los abusos sexuales sufridos por los menores tienen una clara repercusión en la edad adulta, e incluso incrementa la posibilidad de padecer nuevamente estos.

4. La Directiva 2011/93/UE define la «edad de consentimiento sexual» como la:

a) Edad por debajo de la cual, de conformidad con el Derecho Internacional, está prohibido realizar actos de carácter sexual con un menor.
b) Edad por debajo de la cual, de conformidad con el Derecho Nacional, está prohibido realizar actos de carácter sexual con un menor
c) Edad por debajo de la cual, de conformidad con el Derecho Europeo, está prohibido realizar actos de carácter sexual con un menor.
d) Edad por debajo de la cual, de conformidad con el Derecho Europeo, está consentido realizar actos de carácter sexual con un menor.

RESPUESTA: **La B, La Directiva 2011/93/UE define la «edad de consentimiento sexual» como la «edad por debajo de la cual, de conformidad con el Derecho Nacional, está prohibido realizar actos de carácter sexual con un menor».**

5. La última reforma del art. 181 CP se ha producido por:

a) Ley Orgánica 1/2015, de 30 de marzo, por la que se modifica la Ley Orgánica 10/1995, de 23 de noviembre, del Código Penal.
b) Ley Orgánica 5/2000, de 12 de enero, reguladora de la responsabilidad penal de los menores.
c) Ley Orgánica 8/2021, de 4 de junio, de protección integral a la infancia y la adolescencia frente a la violencia.
d) Ley Orgánica 10/2022, de 6 de septiembre, de garantía integral de la libertad sexual.

RESPUESTA: **La D, Ley Orgánica 10/2022, de 6 de septiembre, de garantía integral de la libertad sexual.**

6. En el pasado en España la edad prevista para el consentimiento sexual en el CP era:

a) Quince años.
b) Dieciséis años.
c) Doce años.
d) Trece años.

RESPUESTA: **La D, en el pasado, la edad prevista para el consentimiento sexual en el Código Penal era de trece años, y resultaba muy inferior a la de los restantes países europeos (donde la edad mínima se sitúa en torno a los quince o dieciséis años) y era una de las más bajas del mundo.**

7. El bien jurídico de la agresión sexual es:

a) La libertad sexual.
b) La salud.

c) La dignidad y la libertad.
d) Todas son correctas.

RESPUESTA: La D, bien jurídico protegido: es la libertad sexual, la salud, la dignidad y la libertad.

8. El sujeto pasivo del art. 178 es:

a) Solo el hombre.
b) Solo la mujer.
c) Solo el menor.
d) La mujer en sus diversas formas y el hombre en penetración bucal o anal.

RESPUESTA: La D, puede ser la mujer, en cualquiera de sus diversas formas; o, en el caso de penetración bucal o anal, también el hombre.

9. Con la nueva reforma operada por la Ley Orgánica 10/2022, de 6 de septiembre, de garantía integral de la libertad sexual:

a) Se elimina la distinción de los abusos sexuales.
b) Se elimina la distinción de las violaciones de género.
c) Se elimina la distinción de las agresiones sexuales.
d) No hay agravante de vulnerabilidad de la víctima.

RESPUESTA: La A, elimina la distinción entre agresión y abuso sexual, considerándose agresiones sexuales todas aquellas conductas que atenten contra la libertad sexual sin el consentimiento de la otra persona.

10. Las violencias sexuales constituyen quizás:

a) Unas de las violaciones de derechos más habituales.
b) Afectan de manera específica y desproporcionada a las mujeres y a las niñas.
c) Todas son correctas.
d) También afectan a niños.

RESPUESTA: La D, constituyen quizás una de las violaciones de derechos humanos más habituales y ocultas que se produce en la sociedad española, incidiendo que afectan de manera específica y desproporcionada a las mujeres y a las niñas, pero también a los niños.

TEMA IV.

VIOLENCIA DE GÉNERO EJERCIDA POR MENORES DE EDAD

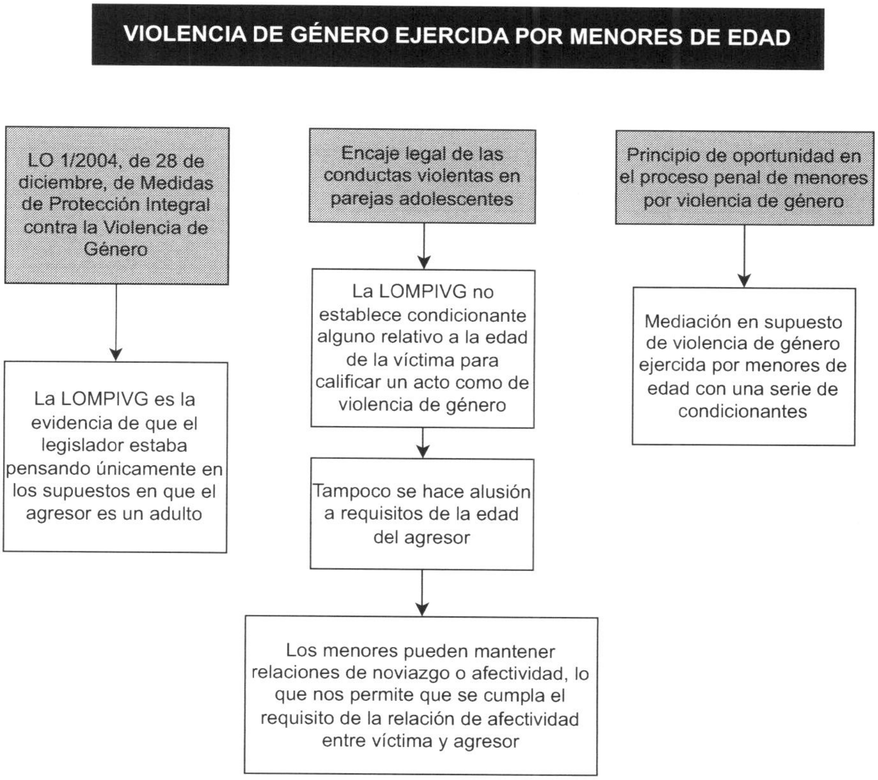

1. Introducción y objetivos

La violencia de género en adolescentes: normalizada e invisibilizada

La normalización de la violencia de género y la repetición de roles sexistas también están presentes entre adolescentes, un problema que además está invisibilizado, según alerta *Save the Children* en «No es Amor», informe en el que se analizan las políticas, estudios y datos existentes en el Estado español sobre violencia de género entre adolescentes y en el que se advierte de las graves consecuencias de la violencia psicológica y de control que sufren una de cada cuatro adolescentes de dieciséis y diecisiete años, según los datos recogidos por la Macroencuesta de Violencia de Género del Ministerio de Igualdad (2019).

Para saber más, accede a la siguiente dirección web: La violencia de género en adolescentes: normalizada e invisibilizada *(eitb.eus)*

La escasa visibilidad social de la violencia de género entre menores llevaba consigo un deficiente tratamiento legislativo por parte de la legislación penal juvenil. La Ley Orgánica 10/2022, de 6 de septiembre, de garantía integral de la libertad sexual en su disposición final séptima modifica la Ley Orgánica Reguladora de la Responsabilidad Penal del Menor (LORRPM), que sí ha previsto los delitos sexuales o de género realizados por menores, concretamente en los siguientes artículos:

- Se añade un apartado 5 al artículo 7.
- Se modifica el apartado 2 del artículo 10.
- Se modifica el apartado 1 del artículo 13.
- Se modifica el apartado 2 del artículo 19.

En todos estos artículos si un menor comete un delito de agresión sexual o de violencia de genero deberá acompañarse la medida impuesta por una medida de educación sexual y educación para la igualdad.

Los objetivos de aprendizaje de esta unidad son los siguientes:

- Facilitar una primera aproximación al concepto de violencia de género.
- Conocer el encaje legal de las conductas de violencia de género en adolescentes.
- El principio de oportunidad en este tipo de conductas.
- Aproximación de la mediación en violencia de género en adolescentes.

2. LO 1/2004, de 28 de diciembre, de Medidas de Protección Integral contra la Violencia de Género

Violencia de Género tiene su origen en el término inglés *gender-based violence* o *gender violence* formulada en el Congreso sobre la Mujer celebrado en Pekín en 1995, de forma que el matiz de género de la violencia se reconoce cuando se identifica la violencia, tanto física como psicológica, que se ejerce contra las mujeres por razón de su sexo como una consecuencia de su tradicional situación de sometimiento al varón en las sociedades de estructura patriarcal (SALVADOR CONCEPCIÓN, 2013).

La Asamblea General de la ONU en la Resolución núm. 48/104 de 20 de diciembre de 1993 en su art.1 definió la violencia contra la mujer como todo acto de violencia basado en la pertenencia al sexo femenino que tenga o pudiera tener como resultado un daño o sufrimiento físico, sexual o psicológico para la mujer, así como las amenazas de tales actos, la coacción o la privación arbitraria de la libertad, tanto si se producían en la vida pública como en la vida privada.

La mayoría de los países de la UE tienen leyes que abordan la violencia contra una persona debido a su género u orientación sexual. Sin embargo, la falta de definición común de violencia de género y la ausencia de normas a nivel europeo ayudan a perpetuar el problema. En España está regulada por la LO 1/2004, de 28 de diciembre, de Medidas de Protección Integral contra la Violencia de Género (LOMPIVG).

Se establecen las medidas de protección integral «cuya finalidad es prevenir, sancionar y erradicar esta *violencia* y prestar asistencia a las mujeres, a sus hijos menores y a los menores sujetos a su tutela, o guarda y custodia, víctimas de esta *violencia*».

La lectura que se puede extraer de la LOMPIVG es la evidencia que el legislador estaba pensando únicamente en los supuestos en que el agresor es un adulto a la hora de reforzar la protección de las mujeres que sufren este tipo de violencia (PILLADO GONZÁLEZ 2020, p. 279).

Se evidencia la existencia de un conflicto entre dos normas, la LOMPIVG y la LORPM, cuyo ámbito de aplicación se extiende, en ambos casos, a los actos de violencia de género cometidos por menores entre 14 y 18 años.

La determinación de la norma aplicable en este tipo de situaciones de conflicto entre dos leyes exige acudir al criterio «lex specialis derogat generali» que supone que la ley especial prevalece sobre la ley general. Ahora bien, en el caso que nos ocupa, la dificultad para la concreción de la norma de aplicación deriva de que tanto la LORPM como la LOMPIVG son leyes especiales, que tratan de dar una respuesta legal diferenciada a la delincuencia juvenil y a la violencia de género, respectivamente.

No obstante, a la vista de la razón de ser del sistema de justicia penal juvenil, debe entenderse aplicable la LORPM (GRANDE SEARA y PILLADO GONZÁLEZ, 2016).

En los últimos años diversas fuentes estadísticas han empezado a reflejar la existencia de casos de violencia de género en parejas adolescentes.

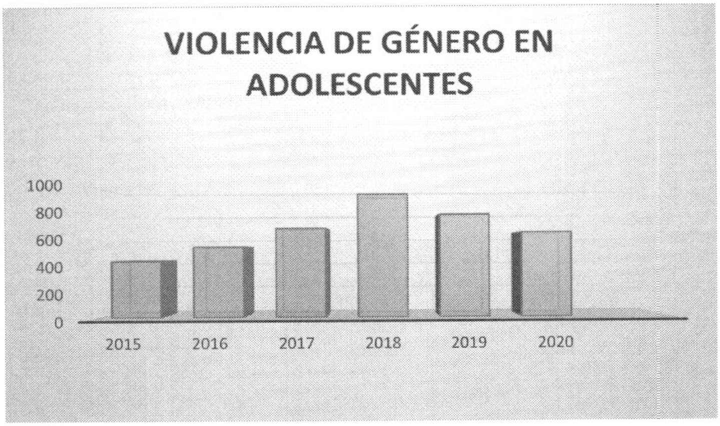

Fuente: Elaboración propia de datos extraídos de las memorias de la FGE.

Debemos tener en consideración, como bien afirma la Fiscalía de Las Palmas de Gran Canaria, que el descenso producido se debe a que, en la inmensa mayoría de los casos, las parejas no conviven y dejaron de verse con motivo del confinamiento y las restricciones de movilidad.

Sentencia de la Audiencia Provincial de Madrid 318/2021, 7 de octubre de 2021

«Los menores Santos y Elisenda, mantuvieron una relación de noviazgo de 8 meses hasta que la tarde del 13 de septiembre de 2019 mantuvieron una discusión en el recinto ferial en el curso de la cual Santos le propinó a Elisenda una patada en el pecho. Sobre las 00.30 horas del 14 de septiembre ambos menores volvieron a encontrarse en el recinto ferial y Santos agarró a Elisenda por el cuello, momento en el que fue sorprendido por agentes de Policía Nacional que procedió a su detención».

La dimensión cuantitativa de estos delitos entre adolescentes afortunadamente sigue estando muy lejos de la que se da entre adultos y muy lejos también del problema de la violencia filio-parental (FGE 2021).

3. Encaje legal de las conductas violentas en parejas adolescentes

El art. 1 de la LOMPIVG entiende como violencia de género:

«(...) como manifestación de la **discriminación**, la situación de **desigualdad** y las relaciones de poder de los hombres sobre las mujeres, se ejerce sobre éstas por parte de quienes sean o hayan sido sus cónyuges o de quienes estén o hayan estado ligados a ellas por relaciones similares de afectividad, aun sin convivencia».

GARCÍA ROJAS (2011) define el concepto de violencia de género entre menores como: «todo ataque intencional de tipo sexual, físico o psíquico» respecto del menor hacía la menor en su relación de afectividad consolidada.

La primera pregunta que debemos resolver es si la LOMPIVG tienen encaje en las conductas violentas en parejas adolescentes y la segunda sería cuál debe ser la ley aplicable para perseguir tales conductas.

La LOMPIVG no establece condicionante alguno relativo a la edad de la víctima para calificar un acto como de violencia de género.

Artículo 17 de la LOMPIVG. Garantía de los derechos de las víctimas

«1. Todas las mujeres víctimas de violencia de género tienen garantizados los derechos reconocidos en esta ley, sin que pueda existir discriminación en el acceso a los mismos».

Tampoco se hace alusión a requisitos de la edad del agresor. El Código Civil reconoce en sus arts. 46 y 48 que, podrán contraer matrimonio los menores de más de dieciséis años si están emancipados. Además, no podemos obviar que los menores pueden mantener relaciones de noviazgo o afectividad, lo que nos permite que se cumpla el requisito de la relación de afectividad entre víctima y agresor.

Juzgado de Menores núm. 1 de Pamplona (Provincia de Navarra) Sentencia núm. 5/2015 de 16 enero. JUR 2015\54687

«El menor acusado GCR, nacido el 22 de junio de 1996, mantuvo una relación sentimental durante dos años y medio con la también menor RMRC nacida el 28 de diciembre de 1998, que finalizó el día 12 de junio de 2014, siendo frecuentes las discusiones entre ellos motivadas por los celos del menor sobre todo en el último año, momentos en los que G le insultaba a gritos con expresiones tales como "puta, zorra, furcia, puta inmigrante de mierda, regalada, asquerosa, basura, no vales para nada, puta negra, eres la mierda del país" y le amenazaba diciendo "que le iba a romper los frenos del coche a su madre, que si se iba con otro estaba muerta, que le rompería la cabeza y los dientes, lo vas a pagar, te voy a agarrar el cuello hasta que no puedas más", y en ocasiones le agredía pegándole puñetazos en los brazos y en el estómago, pellizcándole, agarrándole fuertemente del cuello, tirándole del pelo o apretándole la boca para silenciarla.

Durante toda su relación, el menor ejerció un fuerte control sobre R, diciéndole con quien podía o no podía ir, la ropa que debía ponerse, el uso de redes sociales y teléfono. También lanzaba objetos contra ella como libros, zapatos, el móvil o el mando de la televisión.

Uno de estos episodios ocurrió el día 28 de mayo de 2014 sobre las 15,20 horas en el portal de la casa de R en la calle [...], cuando el menor se enfadó porque R llevaba firmas de sus amigos en la escayola que tenía en el antebrazo, y le cogió del cuello, le tiró del pelo, le pellizcó por los brazos y la tripa y le empujó contra la pared.

El día 11 de junio de 2014 sobre las 8,00 horas, al bajar R de casa, el menor le abordó, le agarró del brazo y le metió a la fuerza en el portal, obligándole a subir a casa para cambiarse de ropa, y el día siguiente 12 de junio enfadado porque ella no había querido salir el día anterior porque tenía que estudiar, cuando se encontraron por la calle él le agarró de la camisa, le empujó y le dio un puñetazo en el pecho».

La necesidad de que se trate de una relación conyugal o análoga relación de afectividad exige valorar la capacidad de los menores de edad para decidir sus relaciones sentimentales, porque de ello derivaría que las víctimas puedan quedar bajo tutela específica de la LOMPIVG (CERVELLÓ DONDERIS 2021, p. 854).

Sin embargo, existe un sector jurisprudencial minoritario que considera que entre las parejas adolescentes no es posible que se dé uno de los requisitos exigidos por la LOMPIVG para calificar un acto como de violencia de género, al considerar que entre parejas adolescentes no cabe «análoga relación de afectividad aún sin convivencia». (GRANDE SEARA y PILLADO GONZÁLEZ, 2016).

En la violencia de género solo puede ser un hombre, de tal forma que quedarán fuera de la especial protección de la Ley las agresiones en el caso de parejas del mismo sexo o de una mujer hacia su marido, pareja o expareja.

Por el contrario, sí se aplicarán las medidas de protección de la LOMPIVG cuando se trate de parejas de distinto sexo formadas por transexuales reconocidos legalmente si el agresor es el varón y la víctima la mujer.

De conformidad con el art. 17 LOMPIVG, las medidas de protección a la víctima se aplicarán en todo caso con independencia de la edad de la víctima.

La LORRPM no contempla una correlación predeterminada entre delito y sanción, sino que el Juez de Menores puede escoger la medida más adecuada al superior interés del menor.

Esto significa que ante un delito de violencia de género del art. 153.2 del CP, el juez de menores podrá imponer desde una amonestación hasta un internamiento, normalmente semiabierto por su carácter de *ultima ratio*, aunque lo más común sea la libertad vigilada, el alejamiento o las tareas socioeducativas.

Sentencia de la Audiencia Provincial de A Coruña 502/2019, 18 de diciembre de 2019

«FALLO: imponer al menor Lorenzo como autor de un delito de maltrato de obra en el ámbito de la **violencia** de **género** y un delito de **violencia** de **género** habitual las medidas de:

Doce meses de asistencia a centro de día para ofrecerle un ambiente estructurado y apoyarle en el ámbito académico/ laboral y personal.

Tratamiento ambulatorio durante doce meses con inclusión en programa de atención psicológica a hombres con actitudes inadecuadas en sus relaciones de pareja».

4. Principio de oportunidad en el proceso penal de menores por violencia de género

GIMENO SENDRA (1987, p. 34) define el principio de oportunidad como:

«La facultad, que al titular de la acción penal asiste para disponer, bajo determinadas condiciones de su ejercicio con independencia de que se haya acreditado un hecho punible contra un autor determinado».

El principio de oportunidad tiene su origen en la doctrina procesal penal, pero donde ha tenido más amplio desarrollo, hasta ser uno de sus principales informadores, es en el ámbito de la Justicia Juvenil.

Según el artículo 18 LORRPM:

«(...) el Ministerio Fiscal podrá desistir de la incoación del expediente cuando los hechos denunciados constituyan delitos menos graves sin violencia o intimidación en las personas o faltas, tipificados en el Código Penal o en las leyes penales especiales. En tal caso, el Ministerio Fiscal dará traslado de lo actuado a la entidad pública de protección de menores para la aplicación de lo establecido en el artículo 3 de la presente ley. Asimismo, el Ministerio Fiscal comunicará a los ofendidos o perjudicados conocidos el desistimiento acordado».

ABADÍAS SELMA (2021, p.199) señala que este principio es de una importancia clave, pues se aplicará en:

- La reparación y conciliación del art. 19 LORRPM.
- La conformidad de los arts. 32 y 36 LORRPM.
- La suspensión de la ejecución al fallo ex art. 40 LORRPM.
- La sustitución, suspensión o extinción de la medida impuesta ex art. 51 LORRPM.

El principio de oportunidad tiende a hacer efectivo el principio de subsidiariedad o intervención mínima del derecho sancionador y el del superior interés del menor, buscando otras posibles soluciones que sean menos represivas y más educativas para este.

5. Mediación en supuesto de violencia de género ejercida por menores de edad

La mediación con menores infractores tiene en nuestro ordenamiento jurídico un estricto carácter reglado, ya que el legislador ha fijado tanto los momentos procesales en los que ello es posible como los presupuestos que han de concurrir para que se pueda hacer uso de la mediación en cada caso, así como sus efectos (PILLADO GONZÁLEZ 2020, p. 385).

El art.19 de LORRPM permite:

«(...) desistir de la continuación del expediente, atendiendo a la gravedad y circunstancias de los hechos y del menor, de modo particular a la falta de violencia o intimidación graves en la comisión de los hechos, y a la circunstancia de que además el menor se haya conciliado con la víctima o haya asumido el compromiso de reparar el daño causado a la víctima o al perjudicado por el delito (...).

Cuando la medida sea consecuencia de la comisión de alguno de los delitos tipificados en los Capítulos I y II del Título VIII del Código Penal, o estén relacionados con la **violencia de género**, no tendrá efecto de conciliación, a menos que la víctima lo solicite expresamente y que el menor, además, haya realizado la medida accesoria de educación sexual y de educación para la igualdad».

Para permitir la conciliación en violencia de género se tienen que cumplir los siguientes requisitos:

- La víctima lo tiene que solicitar expresamente
- El infractor debe haberse conciliado con la víctima, asumir el compromiso de reparar el daño causado y además haya realizado una medida accesoria de educación sexual y de educación para la igualdad.

En opinión de CERVELLÓ DONDERIS (2021, p. 866), son varios los argumentos que pueden aconsejar no cerrar esta vía conciliadora en la justicia juvenil:

➔ La mediación permite que la víctima participe en la resolución del conflicto reduciendo el riesgo de victimización secundaria y que el agresor pueda tomar conciencia de los hechos cometidos.

➔ En el caso de los menores de edad la mediación ha obtenido hasta la fecha muy buenos resultados por sus beneficios educativos, por eso no tiene mucho sentido impedir que los supuestos de violencia de género **que no sean graves** sean remitidos al Ministerio Fiscal para una mediación.

➔ Rechazar frontalmente la mediación se opone al verdadero objetivo de ayudar a superar el conflicto y educar para la convivencia pacífica y la igualdad como medio absolutamente necesario para prevenir y evitar la violencia de género.

➔ Pocas acciones pueden ser tan educativas como el reconocimiento de los hechos, la petición de las disculpas, el esfuerzo y compromiso de reparar el daño causado o el cumplimiento de los programas educativos.

6. Referencias bibliográficas

Abadías Selma, A., Delincuencia juvenil. Temas para su estudio. 1.ª edición, Editorial Colex, A Coruña, 2021.

Cervelló Donderis, V., «El tratamiento legal de la violencia de género entre menores de edad», en *Tratado sobre delincuencia juvenil y responsabilidad penal del menor. A los 20 años de la Ley Orgánica 5/2000, de 12 de enero, reguladora de la responsabilidad penal de los menores*, Abadías Selma, A., Cámara Arroyo, S. y Simón Castellano, P. (coords.) Wolters Kluwer, Madrid, 2021.

Fiscalía General del Estado, *Memorias*. Disponible en: Documentación - Fiscal.es.

García Rojas, A. D., *Violencia escolar y de género: conceptualización y retos educativos*. Servicio de Publicaciones de la Universidad de Huelva, Huelva, 2011.

Gimeno Sendra, J. V., «Los procedimientos penales simplificados», en *Revista del Poder Judicial*, II, 1987, p. 34.

Grande Seara, P. y **Pillado González**, E., *La Justicia Penal ante la Violencia de Género ejercida por menores*. Tirant lo Blanch, Valencia, 2016.

Pillado González, E., «El principio de oportunidad en supuestos de violencia de género ejercida por menores de edad. Especial referencia a la mediación», en *Postmodernidad y proceso europeo: la oportunidad como principio informador del proceso judicial*, Calaza López, M.ª S. y Muinelo Cobo J. C. (coords.) Dykinson, Madrid, 2020.

Salvador Concepción, R., «Tratamiento de la violencia de género en España. Perspectiva legal. Perspectiva real», en *Diario La Ley*, n.º 8194. Sección Documento on-line, 19 de noviembre de 2013.

Jurisprudencia

- Juzgado de Menores núm. 1 de Pamplona (Provincia de Navarra) Sentencia núm. 5/2015 de 16 enero. JUR 2015\54687.
- Sentencia de la Audiencia Provincial de A Coruña 502/2019, 18 de diciembre de 2019.
- Sentencia de la Audiencia Provincial de Madrid 318/2021, 7 de octubre de 2021.

Legislación

Internacional

- Asamblea General de la ONU Resolución núm. 48/104 de 20 de diciembre de 1993.

Nacional

- Real Decreto de 24 de julio de 1889 por el que se publica el Código Civil.
- Ley Orgánica 10/1995, de 23 de noviembre, del Código Penal.
- LO 1/2004, de 28 de diciembre, de Medidas de Protección Integral contra la Violencia de Género.
- Ley Orgánica 5/2000, de 12 de enero, Reguladora de la responsabilidad penal de los menores.
- Ley Orgánica 10/2022, de 6 de septiembre, de garantía integral de la libertad sexual.

A fondo

Barómetro. Juventud y género 2019

El objetivo de este informe es analizar cómo se posicionan chicos y chicas en relación a la violencia de género, la violencia en el marco de la pareja y el acoso en el ámbito escolar y laboral.

Accede a la página desde la siguiente dirección web:

Barómetro Juventud y Género 2019. Violencia y acoso – Centro Reina Sofía sobre Adolescencia y Juventud
https://www.adolescenciayjuventud.org/publicacion/barometro-2019-violencia-acoso/

Menores y Violencia de Género. Delegación del Gobierno contra la Violencia de Género

La presente publicación recoge los resultados del análisis de una encuesta realizada a 10.465 menores, de 14 a 18 años, de 304 centros educativos de Educación Secundaria de España, 3.045 docentes y 227 Equipos Directivos.

Accede a la página desde la siguiente dirección web:

Estudios menores UCM - Delegación del Gobierno contra la Violencia de Género (igualdad.gob.es)

Test

1. La Ley Orgánica 10/2022, de 6 de septiembre, de garantía integral de la libertad sexual en su disposición final séptima modifica la Ley Orgánica Reguladora de la Responsabilidad Penal del Menor (LORRPM), que sí ha previsto los delitos sexuales o de género realizados por menores, concretamente en:

a) Contempla en su art. 3 referencias a la intervención de menores agresores de violencia de género.
b) Contempla en su art. 8 referencias a la intervención de menores agresores de violencia de género.
c) Contempla en su art. 9 referencias a la intervención de menores agresores de violencia de género.
d) Contempla es su art. 19 referencias a la intervención de menores agresores de violencia de género.

RESPUESTA: La D, gracias a la Ley Orgánica 10/2022, de 6 de septiembre, de garantía integral de la libertad sexual en su disposición final séptima modifica la Ley Orgánica Reguladora de la Responsabilidad Penal del Menor (LORRPM), que sí ha previsto los delitos sexuales o de género en los artículos; 7.5, 10.2, 13.1 y 19.2.

2. Violencia de Género tiene su origen en el término inglés *gender-based violence* o *gender violence* formulada en:

a) En el Congreso sobre la Mujer celebrado en Pekín en 1995.
b) En el Congreso sobre la Mujer celebrado en Pekín en 1895.
c) En el Congreso sobre la Mujer celebrado en Pekín en 1996.
d) En el Congreso sobre la Mujer celebrado en Pekín en 1896.

RESPUESTA: La A, Violencia de Género tiene su origen en el término inglés gender-based violence o gender violence formulada en el Congreso sobre la Mujer celebrado en Pekín en 1995, de forma que el matiz de género de la violencia se reconoce cuando se identifica la violencia, tanto física como psicológica...

3. La Asamblea General de la ONU en la Resolución núm. 48/104 de 20 de diciembre de 1993 en su art.1 definió la violencia contra la mujer como todo acto:

a) Todo acto de violencia basado en la pertenencia al sexo femenino que tenga o pudiera tener como resultado un daño o sufrimiento físico, sexual o psicológico para la mujer, así como las amenazas de tales actos, la coacción o la privación arbitraria de la libertad, si se producían en la vida pública.

b) Todo acto de no violencia basado en la pertenencia al sexo femenino que tenga o pudiera tener como resultado un daño o sufrimiento físico, sexual o psicológico para la mujer, así como las amenazas de tales actos, la coacción o la privación arbitraria de la libertad, tanto si se producían en la vida pública como en la vida privada.
c) Todo acto de violencia basado en la pertenencia al sexo masculino que tenga o pudiera tener como resultado un daño o sufrimiento físico, sexual o psicológico para la mujer, así como las amenazas de tales actos, la coacción o la privación arbitraria de la libertad, tanto si se producían en la vida pública como en la vida privada.
d) Todo acto de violencia basado en la pertenencia al sexo femenino que tenga o pudiera tener como resultado un daño o sufrimiento físico, sexual o psicológico para la mujer, así como las amenazas de tales actos, la coacción o la privación arbitraria de la libertad, tanto si se producían en la vida pública como en la vida privada.

RESPUESTA: **La D, La Asamblea General de la ONU en la Resolución núm. 48/104 de 20 de diciembre de 1993 en su art.1 definió la violencia contra la mujer como todo acto de violencia basado en la pertenencia al sexo femenino que tenga o pudiera tener como resultado un daño o sufrimiento físico, sexual o psicológico para la mujer, así como las amenazas de tales actos, la coacción o la privación arbitraria de la libertad, tanto si se producían en la vida pública como en la vida privada.**

4. En España la violencia de género está regulada en:

a) LO 1/2004, de 28 de diciembre, de Medidas de Protección Integral contra la Violencia de Género.
b) LO 1/2005, de 28 de diciembre, de Medidas de Protección Integral contra la Violencia de Género.
c) LO 1/2006, de 28 de diciembre, de Medidas de Protección Integral contra la Violencia de Género.
d) LO 1/2007, de 28 de diciembre, de Medidas de Protección Integral contra la Violencia de Género.

RESPUESTA: **La A, en España está regulada por la LO 1/2004, de 28 de diciembre, de Medidas de Protección Integral contra la Violencia de Género (LOMPIVG).**

5. En los casos de los actos de violencia de género cometidos por menores entre 14 y so años se evidencia un conflicto entre dos normas:

a) LOMPIVG y el CP.
b) LORPM y el CP.

c) LOMPIVG y la LORPM.
d) Son todas falsas.

RESPUESTA: La C, se evidencia la existencia de un conflicto entre dos normas, la LOMPIVG y la LORPM, cuyo ámbito de aplicación se extiende, en ambos casos, a los actos de violencia de género cometidos por menores entre 14 y 18 años.

6. La determinación de la norma aplicable en este tipo de situaciones de conflicto entre dos leyes exige acudir al criterio:

a) *Lex specialis derogat generali.*
b) *Lex posterior derogat priori.*
c) *Lex superior derogat inferior.*
d) *Lex priori derogat posterior.*

RESPUESTA: La A, La determinación de la norma aplicable en este tipo de situaciones de conflicto entre dos leyes exige acudir al criterio «lex specialis derogat generali» que supone que la ley especial prevalece sobre la ley general.

7. La dimensión cuantitativa de estos delitos entre adolescentes:

a) Está muy cerca de la que se da entre adultos y muy lejos del problema de la violencia filio-parental.
b) Sigue estando muy lejos de la que se da entre adultos y muy lejos también del problema de la violencia filio-parental.
c) Está muy cerca de la que se da entre adultos y del problema de la violencia filio-parental.
d) Está muy lejos de la que se da entre adultos y muy cerca del problema de la violencia filio parental.

RESPUESTA: La B, la dimensión cuantitativa de estos delitos entre adolescentes afortunadamente sigue estando muy lejos de la que se da entre adultos y muy lejos también del problema de la violencia filio-parental (FGE 2021).

8. La LOMPIVG en su art. ..., entiende como violencia de género.

a) Art. 2
b) Art. 3
c) Art. 4
d) Todas son falsas.

RESPUESTA: La D, el art. 1 de la LOMPIVG entiende como violencia de género.

9. El Código Civil reconoce en sus arts. 46 y 48 que, podrán contraer matrimonio los menores:

a) De más de dieciséis años si están emancipados.
b) De más de catorce años si están emancipados.

c) De más de diecisiete años si están emancipados.
d) De más de quince años si están emancipados.

RESPUESTA: La A, El Código Civil reconoce en sus arts. 46 y 48 que, podrán contraer matrimonio los menores de más de dieciséis años si están emancipados.

10. El infractor en la violencia de género:

a) Solo puede ser un hombre.
b) Se trate de parejas de distinto sexo formadas por transexuales reconocidos legalmente si el agresor es el varón y la víctima la mujer.
c) Parejas del mismo sexo.
d) A y B son correctas.

RESPUESTA: La D, El infractor de la violencia de género solo puede ser un hombre, sí se aplicarán las medidas de protección de la LOMPIVG cuando se trate de parejas de distinto sexo formadas por transexuales reconocidos legalmente si el agresor es el varón y la víctima la mujer.

TEMA V.

MENORES Y VULNERACIÓN DE LAS LEYES DE TRÁNSITO

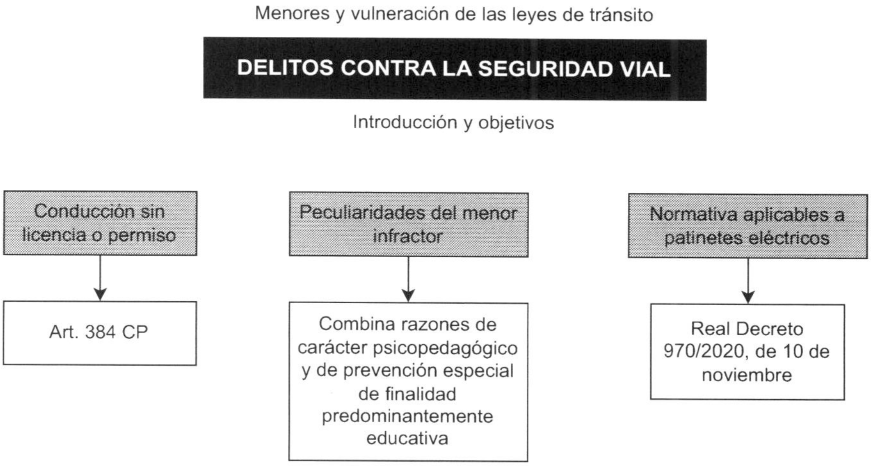

1. Introducción y objetivos

Una menor de 12 años atropella con su patinete a un niño de 6 en Terrassa

- Le provocó diversas heridas, entre ellas una posible fractura de clavícula
- La ordenanza municipal de movilidad fija un mínimo de 14 años para conducir patinetes y el resto de Vehículos de Movilidad Personal

Un menor ha atropellado con su patinete eléctrico a un niño de seis años en Terrassa (Barcelona), quien sufrió diversas heridas graves, entre ellas una posible fractura de clavícula.

El accidente se produjo alrededor de las 17.50 horas en la céntrica plaza Vella de la ciudad, cuando la menor de apenas 12 años bajaba a toda velocidad desde la calle Font Vella.

Tras el incidente, agentes de la policía municipal se desplazaron hasta el lugar de los hechos y comprobaron que el vehículo de movilidad personal no disponía de la placa de identificación.

> Para saber más, accede a la siguiente dirección web:
>
> https://cronicaglobal.elespanol.com/vida/menor-atropella-nino-seis-anos-con-su-patinete-electrico-en-terrassa_603675_102.html

Los objetivos de aprendizaje de esta unidad son los siguientes:

- Introducción a los delitos contra la seguridad vial.
- Conocer la infracción que más cometen los menores de edad en el ámbito de los delitos contra la seguridad vial.
- Asimilar las peculiaridades del menor infractor.
- Estudiar la normativa aplicable a los patinetes eléctricos.

2. Delitos contra la seguridad vial

En los delitos contra la seguridad vial una de las cuestiones que se debe plantear son los problemas de concurrencia normativa y delictiva desde los propios tipos que conforman el grupo de infracciones penales aglutinadas bajo el capítulo de «Delitos contra la seguridad vial» como en cuanto a otros tipos que tutelan otros bienes jurídicos y que pueden verse lesionados o puestos en peligro por esas conductas, como puede ser la vida o la integridad de las personas.

En la Ley de Responsabilidad Penal del Menor 5/2000, de 12 de enero (LORPM) podemos encontrar disposiciones relacionadas con delitos concretos como asesinato, homicidio, agresiones sexuales, terrorismo, etc. pero no hay mención específica a delitos contra la seguridad vial.

En normas administrativas debemos tener en cuenta el RD 818/2009, de 8 de mayo, Reglamento General de Conductores en el que se recogen los tipos de permisos que se pueden obtener por edades. También art. 61 del Real Decreto Legislativo 6/2015, de 30 de octubre, por el que se aprueba el texto refundido de la Ley sobre Tráfico, Circulación de Vehículos a Motor y Seguridad Vial.

Artículo 61. Permisos y licencias de conducción.

«1. La conducción de vehículos a motor y ciclomotores exigirá haber obtenido previamente el preceptivo permiso o licencia de conducción dirigido a verificar que el conductor tenga los requisitos de capacidad, conocimientos y habilidad necesarios para la conducción del vehículo, en los términos que se determine reglamentariamente.

2. El permiso y la licencia de conducción podrán tener vigencia limitada en el tiempo, cuyos plazos podrán ser revisados en los términos que reglamentariamente se determine.

3. Su vigencia estará también condicionada a que su titular no haya perdido el crédito de puntos asignado».

En los últimos tiempos, ha habido una excesiva criminalización de conductas relacionadas con la circulación vial que no siempre han cumplido con el principio de intervención mínima ni con la última ratio (Abadías Selma 2022, p. 532)

Tipos delictivos

Se pueden clasificar en:

- Delitos cuyo núcleo consiste en conducir un vehículo a motor.
- Delitos que crean grave peligro para la seguridad vial.
- Delito previsto en el art. 383 CP, consistente en la negativa a someterse a las pruebas de alcoholemia, y que tiene una naturaleza más cercana a un delito de desobediencia.

La infracción que más cometen los menores de edad en el ámbito de los delitos contra la seguridad vial es la descrita en el art. 384 del CP, esto es, conducción sin permiso o licencia para ello (Fernández Pantoja 2018, p.170).

3. Conducción sin licencia o permiso

A tenor del art. 384 CP:

«El que condujere un vehículo de motor o ciclomotor en los casos de **pérdida de vigencia del permiso o licencia por pérdida total** de los puntos asignados legalmente, será castigado con la pena de prisión de tres a seis meses o con la de multa de doce a veinticuatro meses o con la de trabajos en beneficio de la comunidad de treinta y uno a noventa días.

La misma pena se impondrá al que realizare la conducción tras haber sido privado cautelar o definitivamente del permiso o licencia por decisión judicial y al que condujere un vehículo de motor o ciclomotor sin haber obtenido nunca permiso o licencia de conducción».

➔ **Acción punible**: conducir sin la licencia de conducción. Según reiterada jurisprudencia nos encontramos ante un **delito de peligro abstracto**. En este sentido, entre otras, STS 977/2010, de 8 de noviembre (La Ley 203313/2010), STS 507/2013, de 20 de junio (La Ley 95733/2013); STS 1032/2013, de 30 de diciembre; y STS 115/2016, de 22 de febrero (La Ley 8607/2016).

- Alguna sentencia como la de la Audiencia Provincial de Toledo (Sección 2.ª), de 4 de abril de 2016 (La Ley 136727/2016), entre otras muchas, tenía una posición distinta y consideraba que la conducción sin haber obtenido nunca permiso o licencia de conducir solo será delictiva cuando existiera un plus de peligrosidad a fin de distinguir el delito de la infracción administrativa.
- La Sala de lo Penal, en la STS 369/2017, de 22 de mayo (La Ley 47880/2017), dirimió esta controversia, determinando que la conducción de vehículos a motor o ciclomotor, sin haber obtenido nunca licencia o permiso constituye el delito recogido en el art. 384.2 CP (La Ley 3996/1995), con independencia de que se infrinja alguna norma de tráfico o de que se genere un riesgo abstracto o concreto (ABADÍAS SELMA 2022, p. 533).

➔ **Bien jurídico protegido**: la seguridad vial.

➔ **Sujeto activo**: puede serlo cualquiera. En el tema que estamos tratando serán menores de edad. La LORPM recoge como el ámbito de aplicación subjetivo a los menores comprendido en edades de 14 a 18 años (art. 1.1). Aunque en este tipo de delitos es posible su comisión con una edad inferior a 14 años para los cuales se le aplicará lo dispuesto en las normas sobre protección de menores previstas en el Código Civil y demás disposiciones vigentes.

➔ **Sujeto pasivo**: puede serlo cualquiera.

➔ **Elemento subjetivo**: es una conducta dolosa.

➔ **Consumación**: se consuma en el momento en el que se conduce un vehículo sin licencia, y entendemos que cabe la tentativa.

VILLEGAS y ENCINAR (2017, p. 8) indican de forma clara que:

> «(...) la conducta se consuma cuando se conduce careciendo de la oportuna habilitación administrativa (permiso o licencia), sin que tenga incidencia el haberse cometido infracción vial alguna, ni haberse realizado maniobra antirreglamentaria, como parece exigir la Audiencia Provincial de Toledo, al punto que consigna tal precisión en el relato histórico que adiciona al que ya había sido confeccionado por el Juzgado de lo Penal, y que le sirve a los jueces "a quibus" de fundamento para la absolución».

Pero la situación no está tan clara, porque ¿qué sucede cuando un padre está enseñando a conducir a su hijo en un descampado sin ofrecer peligro alguno? La Sentencia de la Audiencia Provincial de Toledo de 2 de julio de 2015 absolvió a un joven que, junto a su padre, hacía prácticas de conducir para preparar el examen, que obtuvo dos semanas después de que le parase la policía argumentando que:

> «(...) solo podrá hablarse de delito del art. 384 del CP cuando el riesgo generado por el hecho de conducir sin permiso sea superior al que se produce por el solo hecho de

hacerlo; dicho de otro modo, en general el conducir un vehículo de motor careciendo de permiso o licencia será infracción administrativa y solo cuando se demuestre, por las circunstancias concretas de los hechos, que ese riesgo es superior al que trata de proteger la norma administrativa podrá hablarse de delito».

4. Peculiaridades del menor infractor

En lo que respecta a los delitos contra la seguridad vial cometidos por menores de dieciocho años y mayores de catorce, Muñoz Ruiz (2013) afirma que existen una serie de dispositivos relacionados con la responsabilidad penal que «combina razones de carácter psicopedagógico con criterios de imputabilidad y de prevención especial de finalidad predominantemente educativa».

Cabría distinguir dos situaciones fácticas que, no obstante, no varían la valoración jurídica respecto de su comisión por el adulto:

- Por la edad, respecto del permiso de circulación de vehículos a motor, el menor solo podría realizar el tipo en su modalidad de no haberlo obtenido nunca, al estar dicho permiso de conducción vedado a menores de edad, con la excepción del permiso de conducción A1, que autoriza la conducción de motocicletas de hasta 125 cm3.
- Ahora bien, respecto de la licencia para conducir ciclomotores, sería posible plantear hipótesis respecto de todas las modalidades comisivas.

Téngase en cuenta que con 15 años el menor puede sacarse la licencia de conducción AM, válida para ciclomotores triciclos y cuadriciclos ligeros con motor de gasolina de hasta 50 cm3, motor diésel o motor eléctrico de menos de 4 KW de potencia (5,4 CV) y que con 16 años puede sacar la licencia LVA para vehículos especiales agrícolas (tractor y motocultor con remolque) y el permiso de conducción.

Salvo las limitaciones típicas derivadas de la edad reglada para acceder al permiso de circulación de determinados vehículos a motor señaladas, con la consiguiente imposibilidad de comisión por el menor de determinadas modalidades típicas, en tanto que no se puede privar el permiso que no se ha obtenido previamente, no existen diferencias entre el Derecho penal de adultos y el Derecho penal de menores, sobre todo, no existen diferencias respecto del bien jurídico protegido (Benítez Ortúzar 2018, p. 36).

5. Normativa aplicable a patinetes eléctricos

La circulación de los patinetes eléctricos en las aceras a unas velocidades importantes ha causado un gran malestar entre la ciudadanía, que se ha visto acostumbrada a ver y compartir su espacio con un sujeto extraño e ir sorteando a personas que, subidas a un patinete, ponían en riesgo la integridad de los peatones que, amparados en la confianza, andaban y paseaban por una acera que, tradicionalmente, ha sido siempre el normal lugar de circulación de los peatones en una ciudad.

La DGT, en consecuencia, ha regularizado ya, al igual que los ayuntamientos lo están haciendo, esta cuestión, y ha fijado el régimen de prohibiciones, de tal manera que los patinetes eléctricos no pueden circular por las aceras de las ciudades y, en su caso, tienen que hacerlo por el mismo lugar por donde lo hacen las bicicletas, es decir, por los carriles bici, y tampoco lo podrán hacer por las calzadas donde circulan los vehículos a motor, en tanto en cuanto son un peligro también.

Del Real Decreto 970/2020, de 10 de noviembre, por el que se modifican el Reglamento General de Circulación, aprobado por Real Decreto 1428/2003, de 21 noviembre y el Reglamento General de Vehículos, aprobado por Real Decreto 2822/1998, de 23 de diciembre, en materia de medidas urbanas de tráfico, y que entró en vigor el 2 de enero de 2021 se pueden extraer las siguientes conclusiones:

Nuevo Artículo 22 bis. Vehículos de movilidad personal.

«1. Los vehículos de movilidad personal quedan exceptuados de obtener la autorización administrativa a la que hace referencia el apartado 1 del artículo 1.

2. Los vehículos de movilidad personal requerirán para poder circular el certificado de circulación que garantice el cumplimiento de los requisitos técnicos exigibles por la normativa nacional e internacional recogidos en su manual de características, así como su identificación.

(Hay que recordar que se incorporan los párrafos j) y k) al artículo 3 con la siguiente redacción: certificado para la circulación. Documento expecido por un tercero competente designado por el organismo autónomo Jefatura Central de Tráfico en el que se acredita que el vehículo sometido a ensayo cumple con los requisitos técnicos de aplicación conforme a la normativa técnica nacional e internacional. **Los vehículos de movilidad personal deberán obtener dicho certificado y la solicitud del mismo será realizada por los fabricantes, importadores o sus representantes respectivos en España**. Así, este certificado deberá ser solicitado por los fabricantes, importadores o los representantes del vehículo en España, y acreditará que el vehículo ha sido sometido a ensayos y pruebas y que cumple «con los requisitos técnicos de aplicación conforme a la normativa técnica nacional e internacional).

3. El manual de características de los vehículos de movilidad personal se aprobará por Resolución del Director General de Tráfico».

Letra K del art. 3 del Reglamento General de Vehículos, aprobado por el Real Decreto 2822/1998, de 23 de diciembre:

➔ Manual de características de los vehículos de movilidad personal.

«Documento elaborado por el organismo autónomo Jefatura Central de Tráfico y aprobado mediante resolución de su titular, en el que se establecerá los requisitos técnicos que los vehículos de movilidad personal deben cumplir para su puesta en circulación, la clasificación de los mismos, los procesos de ensayo para su certificación y los mecanismos que se emplearán para su fácil identificación. El manual se publicará en el Boletín Oficial del Estado y en la página web de la Dirección General de Tráfico (www.dgt.es). El manual será actualizado cuando se modifiquen los criterios reglamentarios en materia de vehículos, tanto de carácter nacional como de la Unión Europea, o cuando la aparición de nuevas formas de movilidad lo requiera».

➔ No es vehículo de motor.

El apartado A «Definiciones», del anexo II «Definiciones y categorías de los vehículos», se modifica en los siguientes términos:

> a) La definición de «Vehículo de motor» queda redactada del siguiente modo:
> "Vehículo a motor: Vehículo provisto de motor para su propulsión. Se excluyen de esta definición los ciclomotores, los tranvías, los vehículos para personas de movilidad reducida, bicicletas de pedales con pedaleo asistido y los vehículos de movilidad personal"».

➔ Concepto de vehículo de movilidad personal (VMP) y velocidad máxima.

> «Vehículo de movilidad personal: Vehículo de una o más ruedas dotado de una única plaza y propulsado exclusivamente por motores eléctricos que pueden proporcionar al vehículo una velocidad máxima por diseño comprendida entre 6 y 25 km/h. Sólo pueden estar equipados con un asiento o sillín si están dotados de sistema de autoequilibrado. Se excluyen de esta definición los Vehículos sin sistema de autoequilibrado y con sillín, los vehículos concebidos para competición, los vehículos para personas con movilidad reducida y los vehículos con una tensión de trabajo mayor a 100 VCC o 240 VAC, así como aquellos incluidos dentro del ámbito del Reglamento (UE) nº 168/2013 del Parlamento Europeo y del Consejo, de 15 de enero de 2013».

➔ El patinete no puede circular ni estacionar por la acera.

> «Señala la propia Exposición de Motivos del Real Decreto 970/2020, de 10 de noviembre que, al ser definidos formalmente como vehículos, tendrán prohibida su circulación por las aceras y por las zonas peatonales, como cualquier otro vehículo, de acuerdo con lo dispuesto en el artículo 121.5 del Reglamento General de Circulación.
> Solo podrán usar los carriles bici y/o la carretera. Con ello, se aclara y concreta esta prohibición de que usen las aceras, que era el punto más conflictivo y el que mayores quejas había ocasionado por los ciudadanos que andan por las aceras y que hasta ahora se habían visto sorprendidos por conductores de estos patinetes eléctricos que habían causado estragos en la tranquilidad por la que paseaban los peatones por nuestros pueblos y ciudades. No podrán circular por vías interurbanas, túneles urbanos, travesías y autopistas y autovías que transcurran por poblaciones».

➔ Aplicación a los VMP de las normas de circulación de la misma forma que para el resto de los vehículos.

➔ Pueden ser sometidos a la prueba de alcoholemia.

El tipo hace referencia a la conducción de un vehículo y tal consideración la tiene el VMP. Se trata de una negativa a someterse a una prueba de alcoholemia o consumo de drogas y, como tal, de haberlo hecho constituye un riesgo para la circulación y una desobediencia a una orden expresa de agente de la autoridad (MAGRO SERVET, 2021).

La Ley sobre Tráfico, Circulación de Vehículos a Motor y Seguridad Vial introducirá una modificación respeto a los menores en su art.14 apartado primero que entrará en vigor el 21 de marzo de 2022.

En ningún caso el conductor menor de edad podrá circular por las vías con una tasa de alcohol en sangre superior a 0 gramos por litro o de alcohol en aire espirado superior a 0 miligramos por litro.

➔ Solo pueden estar equipados con un asiento o sillín si están dotados de sistema de auto equilibrado.

➜ **En principio la suscripción de seguro no es obligatorio, pero responden de los daños y lesiones causados a terceros.**

➜ **El patinete es para una sola persona.**

➜ **Sanciones a menores.** En los casos de infracciones cometidas por menores de 18 años, los padres, tutores, acogedores y guardadores legales o de hecho, responderán solidariamente de la infracción cometida por el menor.

6. Referencias bibliográficas

Abadías Selma, A., *Derecho penal. Parte especial. Temas prácticos para su estudio*, 2.ª edición. Editorial Colex, A Coruña, 2022.

Benítez Ortúzar, I. F., «El bien jurídico en el delito de conducción sin permiso o licencia», en *El delito de conducción de vehículos a motor o ciclomotores sin licencia administrativa cometido por menores de edad*, **Morillas Fernández, D.** (coord.) Dykinson, Madrid, 2018.

Fernández Pantoja, P., «La concurrencia delictiva en delitos contra la seguridad vial: especial referencia a las conductas relacionadas con los menores de edad», en *El delito de conducción de vehículos a motor o ciclomotores sin licencia administrativa cometido por menores de edad*, Morillas Fernández, D. (coord.) Dykinson, Madrid, 2018.

Magro Servet, V., «Los patinetes eléctricos en la búsqueda de su ubicación legal ¿Qué son realmente?», en *Wolters Kluwer*, n.º 257, Sección Doctrina, 2021.

Muñoz Ruiz, D.L., «Análisis de las principales variables de la delincuencia juvenil en España», en *Revista de Derecho, Empresa y Sociedad*. REDS. Vol. 3., Época I, 2013, págs. 173-210.

Villegas García, M. A. y **Encinar del Pozo, M. A.**, «Delitos contra la Seguridad Vial», en *Diario La Ley*, n.º 9062, 2017.

Jurisprudencia

- Sentencia del Tribunal Supremo n.º 977/2010, de 8 de noviembre de 2010.
- Sentencia del Tribunal Supremo n.º 507/2013, de 20 de junio de 2013.
- Sentencia del Tribunal Supremo n.º 1032/2013, de 30 de diciembre de 2013.

- Sentencia del Tribunal Supremo n.º 15/2016, de 22 de febrero de 2016.
- Sentencia del Tribunal Supremo 369/2017, de 22 de mayo de 2017.
- Sentencia de la Audiencia Provincial de Toledo n.º 213/2015, de 2 de julio de 2015.
- Sentencia de la Audiencia Provincial de Toledo n.º 210/2016, de 4 de abril de 2016.

Legislación

- Real Decreto de 24 de julio de 1889 por el que se publica el Código Civil.
- Ley Orgánica 10/1995, de 23 de noviembre, del Código Penal. «BOE» núm. 281, de 24/11/1995.
- Ley Orgánica 5/2000, de 12 de enero, reguladora de la responsabilidad penal de los menores. «BOE» núm. 11, de 13 de enero de 2000.
- Real Decreto 818/2009, de 8 de mayo, Reglamento General de Conductores.
- Real Decreto Legislativo 6/2015, de 30 de octubre, por el que se aprueba el texto refundido de la Ley sobre Tráfico, Circulación de Vehículos a Motor y Seguridad Vial.
- Real Decreto 970/2020, de 10 de noviembre, por el que se modifican el Reglamento General de Circulación, aprobado por Real Decreto 1428/2003, de 21 noviembre y el Reglamento General de Vehículos, aprobado por Real Decreto 2822/1998, de 23 de diciembre, en materia de medidas urbanas de tráfico.

A fondo

Niños: qué hacer en caso de accidente

Entre el 30-50 % de las muertes se producen transcurridos 5 minutos desde que se produjo el siniestro, y aumenta a un 75 % pasados los primeros 60 minutos. Es importante conocer el protocolo sobre cómo actuar en caso de accidente.

Puedes acceder desde la siguiente dirección web:

https://revista.dgt.es/es/reportajes/2021/12DICIEMBRE/1214-Accidentes-menores.shtml

La educación vial de los menores

Las estadísticas de accidentes de circulación muestran que muchas de las víctimas son niños, principalmente por cruzar las calles de forma indebida o no usar los sistemas de retención infantil. Evidentemente la educación vial no evita tener un accidente, pero garantiza una cultura de circulación que a medio y largo plazo beneficiará la convivencia de los ciudadanos y prevendrá de los accidentes.

Puedes acceder desde la siguiente dirección web:

https://www-org.dgt.es/PEVI//documentos/catalogo_recursos/didacticos/did_adultas/La_educacion_vial_de_los_menores.pdf

Delincuencia Juvenil. Temas prácticos para su estudio, ABADÍAS SELMA, A.

En la presente obra el lector podrá aprender cuestiones que son clave para comprender con rigor académico lo qué es realmente la delincuencia juvenil y lo que representa para nuestra sociedad.

No podemos olvidar que los menores y los jóvenes son la base de la sociedad del futuro.

Test

1. **La Ley de Responsabilidad Penal del Menor 5/2000, de 12 de enero (LORPM) podemos encontrar disposiciones relacionadas con delitos concretos como:**

   a) Asesinato.
   b) Terrorismo.
   c) Seguridad vial.
   d) A y B son verdaderas.

   RESPUESTA: **La D, la Ley de Responsabilidad Penal del Menor 5/2000, de 12 de enero (LORPM) podemos encontrar disposiciones relacionadas con delitos concretos como asesinato, homicidio, agresiones sexuales, terrorismo, etc. pero no hay mención específica a delitos contra la seguridad vial.**

2. **La conducción de vehículos a motor y ciclomotores:**

   a) Exigirá haber obtenido previamente el preceptivo permiso o licencia de conducción.
   b) El permiso y la licencia de conducción no podrá tener vigencia limitada en el tiempo.
   c) Su vigencia estará también condicionada a que su titular haya perdido el crédito de puntos asignado.
   d) Todas son verdaderas.

   RESPUESTA: **La A, art. 61 del Real Decreto Legislativo 6/2015, de 30 de octubre, por el que se aprueba el texto refundido de la Ley sobre Tráfico, Circulación de Vehículos a Motor y Seguridad Vial.**

3. **Sobre las conductas relacionadas con la circulación vial señala Abadías Selma:**

   a) En los últimos tiempos, ha habido una excesiva criminalización de conductas relacionadas con la circulación vial que siempre han cumplido con el principio de intervención mínima ni con la última ratio.
   b) En los últimos tiempos, ha habido una excesiva criminalización de conductas relacionadas con la circulación vial que no siempre han cumplido con el principio de intervención mínima ni con la última ratio.
   c) En los últimos tiempos, ha habido una mínima criminalización de conductas relacionadas con la circulación vial que siempre han cumplido con el principio de intervención mínima ni con la última ratio.

d) En los últimos tiempos, ha habido una mínima criminalización de conductas relacionadas con la circulación vial que no siempre han cumplido con el principio de intervención mínima ni con la última ratio.

RESPUESTA: La B, n los últimos tiempos, ha habido una excesiva criminalización de conductas relacionadas con la circulación vial que no siempre han cumplido con el principio de intervención mínima ni con la última ratio (ABADÍAS SELMA 2022, p. 532).

4. La infracción que más cometen los menores de edad en el ámbito de los delitos contra la seguridad vial es la descrita en el:

a) Art. 382 del CP.
b) Art. 384 del Cp.
c) Art. 61 del Real Decreto Legislativo 6/2015, de 30 de octubre, por el que se aprueba el texto refundido de la Ley sobre Tráfico, Circulación de Vehículos a Motor y Seguridad Vial.
d) Art. 62 del Real Decreto Legislativo 6/2015, de 30 de octubre, por el que se aprueba el texto refundido de la Ley sobre Tráfico, Circulación de Vehículos a Motor y Seguridad Vial.

RESPUESTA: La B, la infracción que más cometen los menores de edad en el ámbito de los delitos contra la seguridad vial es la descrita en el art. 384 del CP, esto es, conducción sin permiso o licencia para ello (FERNÁNDEZ PANTOJA 2018, p.170).

5. La acción punible de conducción sin licencia o permiso es:

a) Según reiterada doctrina un delito de peligro abstracto.
b) Según reiterada doctrina un delito de peligro concreto.
c) Según reiterada jurisprudencia un delito de peligro abstracto.
d) Según reiterada jurisprudencia un delito de peligro concreto.

RESPUESTA: La C, según reiterada jurisprudencia nos encontramos ante un delito de peligro abstracto.

6. La consumación de conducción sin licencia o permiso:

a) En el momento en el que se conduce un vehículo sin licencia, y entendemos que cabe la tentativa.
b) En el momento en el que se conduce un vehículo sin licencia, y entendemos que no cabe la tentativa.
c) En el momento que se cometa una infracción vial.
d) La B y la C son correctas.

RESPUESTA: La A, se consuma en el momento en el que se conduce un vehículo sin licencia, y entendemos que cabe la tentativa.

7. En lo que respecta a los delitos contra la seguridad vial cometidos por menores de dieciocho años y mayores de catorce, Muñoz Ruiz (2013) afirma que existen una serie de dispositivos relacionados con la responsabilidad penal que:

a) Combina razones de carácter psicopedagógico con criterios de inimputabilidad y de prevención especial de finalidad predominantemente educativa.

b) Combina razones de carácter psicopedagógico con criterios de imputabilidad y de prevención especial de finalidad predominantemente educativa.

c) Combina razones de carácter psicopedagógico con criterios de inimputabilidad y de prevención general de finalidad predominantemente educativa.

d) Combina razones de carácter psicopedagógico con criterios de imputabilidad y de prevención general de finalidad predominantemente educativa.

RESPUESTA: La B, en lo que respecta a los delitos contra la seguridad vial cometidos por menores de dieciocho años y mayores de catorce, Muñoz Ruiz (2013) afirma que existen una serie de dispositivos relacionados con la responsabilidad penal que «combina razones de carácter psicopedagógico con criterios de imputabilidad y de prevención especial de finalidad predominantemente educativa».

8. La licencia de conducción AM, válida para ciclomotores triciclos y cuadriciclos ligeros con motor de gasolina de hasta 50 cm3, motor diésel o motor eléctrico de menos de 4 KW de potencia (5,4 CV) se puede sacar con la edad de:

a) 16 años.

b) 17 años.

c) 14 años.

d) 15 años.

RESPUESTA: La D, que con 15 años el menor puede sacarse la licencia de conducción AM, válida para ciclomotores triciclos y cuadriciclos ligeros con motor de gasolina de hasta 50 cm3, motor diésel o motor eléctrico de menos de 4 KW de potencia (5,4 CV).

9. La definición de vehículo de motor es vehículo provisto de motor para su propulsión incluyendo en esta definición:

a) Los tranvías.

b) Los ciclomotores.

c) Todas son falsas.
d) Vehículos de movilidad personal.

RESPUESTA: La C, «Vehículo a motor: Vehículo provisto de motor para su propulsión. Se excluyen de esta definición los ciclomotores, los tranvías, los vehículos para personas de movilidad reducida, bicicletas de pedales con pedaleo asistido y los vehículos de movilidad personal».

10. Los menores de edad podrán circular por las vías con:

a) Una tasa de alcohol en sangre superior a 0 gramos por litro o de alcohol en aire espirado superior a 0 miligramos por litro.
b) Una tasa de alcohol en sangre superior a 0 gramos por litro o de alcohol en aire espirado superior a 0,5 miligramos por litro.
c) Una tasa de alcohol en sangre superior a 0,5 gramos por litro o de alcohol en aire espirado superior a 0 miligramos por litro.
d) Una tasa de alcohol en sangre superior a 0,02 gramos por litro o de alcohol en aire espirado superior a 0,01 miligramos por litro.

RESPUESTA: La A, en ningún caso el conductor menor de edad podrá circular por las vías con una tasa de alcohol en sangre superior a 0 gramos por litro o de alcohol en aire espirado superior a 0 miligramos por litro.

TEMA VI.

TERRORISMO Y RADICALIZACIÓN

1. Introducción y objetivos

Daesh y Covid-19: Impacto de la pandemia en las actividades de captación y radicalización

Fuente: https://observatorioterrorismo.com/actividades/daesh-y-covid-19-impacto-de-la-pandemia-en-las-actividades-de-captacion-y-radicalizacion/

Las nuevas tecnologías han influido en la manera de socializarnos y las aplicaciones de mensajería instantánea (como *WhatsApp*, *Instagram*, *Telegram*...), los videojuegos e internet son utilizados a diario por menores y jóvenes. Las organizaciones terroristas se han ido adaptando a esta nueva forma de comunicarse y aprovechan estas herramientas para introducir nuevos incondicionales a su organización, pues aquí interviene un componente clave: la edad.

En el periodo de la adolescencia y la juventud, los individuos se ven sumergidos en un proceso de transformación hacia la etapa adulta, por lo que se hallan en pleno desarrollo y se convierten en un objetivo primordial para las organizaciones terroristas gracias a su facilidad de manipulación.

En esta etapa es donde el individuo inicia su camino. Su identidad e independencia personal se unen al empoderamiento para pertenecer a tal tipo de grupo y son sus armas de integración en la sociedad adulta o la forma de buscar proyecciones de futuro. Precisamente por su edad, sus emociones, que ya están muy influenciadas, las llevan al más alto grado y por ello psicológicamente son más vulnerables.

Para saber más, accede a la siguiente dirección web:

https://observatorioterrorismo.com/actividades/daesh-y-covid-19-impacto-de-la-pandemia-en-las-actividades-de-captacion-y-radicalizacion/

A primera vista parecen conceptos contradictorios: menores y terrorismo, pero desgraciadamente, hemos podido ver en las últimas décadas que ha habido y hay grupos de menores que fundamentalmente llegan a radicalizarse en unas ideas hasta tal punto de entregar su vida (Abadías Selma p. 82, 2021)

Para poder profundizar en este tema se recomienda la consulta de los siguientes materiales:

- Directiva (UE) 2017/541 del Parlamento Europeo y del Consejo, de 15 de marzo de 2017, relativa a la lucha contra el terrorismo y por la que se sustituye la Decisión marco 2002/475/JAI del Consejo y se modifica la Decisión 2005/671/JAI del Consejo.

- Resolución del Consejo de Seguridad de Naciones Unidas 2178, aprobada el 24 de septiembre de 2014.
- Ley Orgánica 5/2000, de 12 de enero, reguladora de la responsabilidad penal de los menores. «BOE» núm. 11, de 13 de enero de 2000.

Los objetivos de aprendizaje de esta unidad son los siguientes:

- Aproximación al concepto de terrorismo.
- Adentrarnos al tema de los yihadistas detenidos en España.
- Conocer las diferentes vías de captación de menores a la yihad.
- Acercarnos al tratamiento que la LORPM brinda a los menores terroristas.

2. Concepto de terrorismo

La amenaza terrorista ha aumentado y se ha desarrollado muy rápidamente en los últimos años. Los denominados «combatientes extranjeros» se movilizan, tanto por el interior como por el exterior de nuestras fronteras, siempre con fines terroristas. Aquellos que regresan, suponen una importante amenaza para la seguridad de todos los estados miembros. Estos combatientes han estado relacionados con los atentados recientes que ha sufrido la UE (Abadías Selma 2022, p. 702).

➔ **Concepto formal de terrorismo**.

A tenor del artículo 282 bis 4.ª de la LECrim. La delincuencia organizada es: «la asociación de tres o más personas para realizar, de forma permanente o reiterada, conductas que tengan como fin cometer alguno o algunos de los delitos siguientes [...]», y que son los delitos de terrorismo previstos en los artículos 572 a 578 del Código Penal.

➔ **Concepto material de terrorismo**.

Según el DRAE (2019), terrorismo es «la actuación criminal de bandas organizadas, que, reiteradamente y por lo común de modo indiscriminado, pretende crear alarma social con fines políticos».

Por lo tanto, en relación con el artículo 572 del CP se castiga a:

> «1. Quienes **promovieran, constituyeran, organizaran o dirigieran una organización o grupo terrorista** serán castigados con las penas de prisión de ocho a quince años e inhabilitación absoluta durante el tiempo de la condena.
>
> 2. Quienes **participaran activamente en la organización o grupo, o formaran parte de ellos**, serán castigados con las penas de prisión de seis a doce años e inhabilitación absoluta durante el tiempo de la condena».

Con la entrada en vigor de la Ley Orgánica 2/2015, de 30 de marzo los artículos 571 a 580 del CP muestran una nueva redacción y sistemática. Fue debida a la Resolución del Consejo de Seguridad de Naciones Unidas 2178, aprobada el 24 de septiembre de 2014, donde se muestra la preocupación por la proliferación de nuevas formas de terrorismo que requieren una repuesta proporcionada y uniforme de los Estados Miembros (Gómez Rivero *et al.* 2019, p.709).

En relación con el artículo 573 del CP se entiende como delito de terrorismo:

«1. Se considerará **delito de terrorismo** la comisión de cualquier delito grave contra la vida o la integridad física, la libertad, la integridad moral, la libertad e indemnidad sexuales, el patrimonio, los recursos naturales o el medio ambiente, la salud pública, de riesgo catastrófico, incendio, de falsedad documental, contra la Corona, de atentado y tenencia, tráfico y depósito de armas, municiones o explosivos, previstos en el presente Código, y el apoderamiento de aeronaves, buques u otros medios de transporte colectivo o de mercancías, cuando se llevaran a cabo con cualquiera de las siguientes **finalidades**:

1.ª **Subvertir el orden constitucional**, o suprimir o desestabilizar gravemente el funcionamiento de las instituciones políticas o de las estructuras económicas o sociales del Estado, u obligar a los poderes públicos a realizar un acto o a abstenerse de hacerlo.

2.ª **Alterar gravemente la paz pública**.

3.ª **Desestabilizar** gravemente el funcionamiento de una organización internacional.

4.ª **Provocar un estado de terror** en la población o en una parte de ella.

2. Se considerarán igualmente delitos de terrorismo los **delitos informáticos** tipificados en los artículos 197 bis y 197 ter y 264 a 264 quater cuando los hechos se cometan con alguna de las finalidades a las que se refiere el apartado anterior.

3. Asimismo, tendrán la consideración de delitos de terrorismo el resto de los delitos tipificados en este Capítulo».

➔ Bien jurídico protegido.

Se trata de tipos pluriofensivos donde de modo inmediato se vulneran bienes jurídicos individuales, como la vida, la libertad, etc., y de modo mediato se protegen los bienes colectivos de defensa del orden constitucional y la paz pública (LAMARCA PÉREZ 2019, p.1031).

➔ Sujetos.

Sujeto activo. Deben ser por exigencia típica quienes pertenezcan, actúen al servicio o colaboren con los grupos terroristas. Por tanto, es un delito especial, al requerirse esos ámbitos de colaboración delictiva (GÓMEZ RIVERO *et al.* 2019, p.714).

Sujeto pasivo. Es colectivo, e individual si se producen resultados lesivos contra la integridad o los bienes de las personas (GÓMEZ RIVERO *et al.* 2020, p.710).

➔ Elemento subjetivo.

El solo hecho de pertenencia a banda armada o grupo terrorista califica la acción siempre que, obviamente, se lleve a cabo teniendo en cuenta el dolo específico de subvertir el orden constitucional o causar grave alteración de la paz social (VÁZQUEZ GONZÁLEZ 2019, p. 939).

➔ Conductas de los arts. 573.2 y 573 bis CP.

Artículo 573.2 CP

«Se considerarán igualmente delitos de terrorismo los delitos informáticos tipificados en los artículos 197 bis y 197 ter y 264 a 264 quater cuando los hechos se cometan con alguna de las finalidades a las que se refiere el apartado anterior».

El ochenta por ciento de la información necesaria para planificar y realizar atentados se encuentra disponible en Internet y este porcentaje es aprovechado por las organizaciones terroristas. Además, usan este instrumento para comunicarse, hacer difusión de su propaganda, buscar sus objetivos, etc., lo que hace siempre muy interesante y pertinente estudiar los movimientos, búsquedas, comunicaciones, realizadas por los sospechosos de cometer infracciones penales con los fines indicados (VELASCO NÚÑEZ 2021).

Sentencia de la Audiencia Nacional 18/2019, 28 de octubre de 2019.

«El 6 de Septiembre de 2015 y desde el perfil (@ DIRECCION002 remitió a Eulogio un enlace a un repositorio (archive.org) que contenía un vídeo publicado por la organización terrorista DAESH de extrema brutalidad en el que eran degolladas a 9 personas y posteriormente y sirviéndose de las cuentas de Twiter@ DIRECCION003 y @ DIRECCION004, el 22 de Junio de 2016 de nuevo se dirigió a Eulogio, empleando su avatar y asegurando que iba a morir, mostrando gran hostilidad hacia esta persona, a quien no conocía pues consultaba frecuentemente su perfil en Twiter, realizaba búsquedas en Google sobre él y llegó a almacenar fotografías del mismo en su ordenador portátil (...)».

3. Movilización yihadista de menores en España

El **yihadismo** según la RAE es «tendencia ideológica radical que preconiza la yihad (guerra islámica)».

Desde el nacimiento de Al-Qaeda (en Iraq) en 1988 los menores han sido un recurso transcendental del Yihadismo internacional. Abdullah Azzam y Osama Bin Laden, justificaron y apelaron a la intervención de niños y adolescentes tanto en la «yihad defensiva» contra las tropas internacionales desplegadas en países de mayoría musulmana, como en acciones terroristas en diferentes partes del mundo (VICENTE 2018, p. 1).

El 83,1% de los yihadistas detenidos en España son hombres, el 63,1% del de los cuales tenían entre 20 y 34 años. Un 16,9% son mujeres de las cuales el 73,6% del total de estas contaba entre 15 y 24 años y 84,1% entre 15 y 29 años (REINARES y GARCÍA-CALVO 2016).

La radicalización terrorista yihadista es un proceso a través del cual la persona cree que sin la doctrina radical no tiene sentido la vida, y ese sistema de creencias, valores y emociones, es el que le lleva al convencimiento de que la utilización de la violencia, el soporte a los que la ejercen, o la justificación de esta, es la única forma de alcanzar sus objetivos y por tanto los objetivos de la yihad como medio de propagación e implantación del Islam (LÓPEZ-MUÑOZ 2019, p. 260).

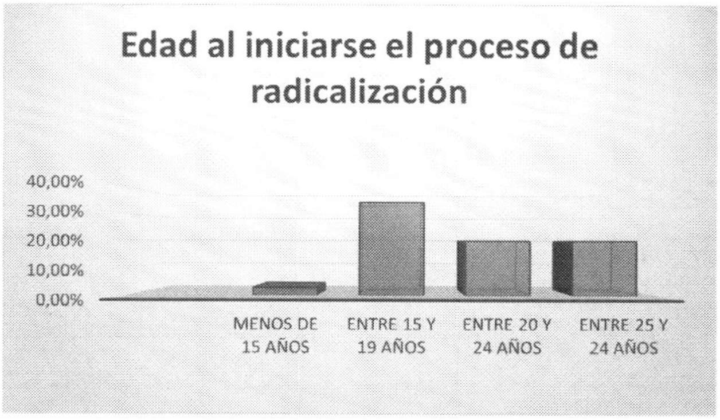

Fuente: Elaboración propia, datos extraídos del Real Instituto Elcano.

En 2012 en España la actividad de captación de menores era desconocida hasta que a partir de ese año se diera la iniciación de la actual oleada internacional de movilización yihadista. Entre los años 2013 a 2017, al menos treinta y seis sujetos se dedicaron en nuestro país, además de su implicación yihadista, al adoctrinamiento de menores, principalmente en Barcelona y Ceuta (VICENTE 2018, p.2).

Como consecuencia de ello, nueve menores a causa de sus actividades con el terrorismo yihadista fueron detenidos. A causa de los atentados en Barcelona y Cambrils del verano de 2017 dos jóvenes resultaron muertos en la operación policial realizada contra los autores de dichos atentados. Finalmente, las organizaciones yihadistas atrajeron a otros cuatro menores de nacionalidad española para integrarlos en las organizaciones establecidas en Siria e Irak.

4. Fórmula intrafamiliar para movilizar a menores

La familia constituye el primer vínculo emocional del menor y es por ello el agente más importante en el proceso de socialización, en ella se transmite la socialización política elemental, las normas y valores sociales fundamentales. Tiene por ello un efecto profundo a lo largo de su vida.

Es el lugar propicio para inculcar pensamientos y comportamientos desde una edad muy temprana, al ser esta etapa muy moldeable.

Los progenitores que han aceptado las bases del salafismo combatiente no encuentran contradicción alguna en anexar su condición paterna con su convicción política y su compromiso militante.

Fórmulas utilizadas en el seno de la familia en España:

- Estimular sensibilidades positivas a esa ideología e insensibilizar al menor a la violencia por medio de propaganda yihadista.
- Enseñar tipos de conducta, vocabulario y el modo de actuación de estas organizaciones (MARTÍ 2021).

La Audiencia Provincial de Madrid ha acordado **privar de la patria potestad** a Nabil Benazzou, condenado por pertenencia a una organización terrorista. Es una sentencia pionera en nuestro país.

AP de Madrid (Sección 24ª) Sentencia núm. 1066/2021 de 13 diciembre

«(...) en ese proceso de **radicalización** sufrido que refleja la sentencia, ha transmitido a sus hijos unos valores incompatibles con la satisfacción de las necesidades afectivas de la niña, con un desarrollo armónico y con su derecho a vivir en un entorno libre de violencia, pues la educación transmitida era la justificación de la violencia, la falta de respeto a los derechos humanos, y en definitiva, la justificación de atentados terroristas y consecuentemente, de la muerte de otras personas, estando dispuesto a trasladarse a combatir a Siria tras un proceso de radicalización que afectaría a sus hijos necesariamente, que tras la detención del Sr. Abelardo sufrieron las consecuencias de verse señalados como hijos de un terrorista (...).

(...) tenía miedo, según ella misma refiere por hechos que dada su corta edad entonces no entendía lo suficiente, y con el tiempo se ha dado cuenta de su significado. Relata que le decía que **si no era musulmana iba a ir al infierno**, le llamaba pequeña musulmana, le dijo que tenía que rezar todos los días, e incluso ya en prisión, le dijo que a ver si ella iba a tener la culpa de que estuviera en el Centro Penitenciario. Manifiesta que también quería obligarla a aprender árabe y a rezar, obligando a su madre a que, si no lo hacía, no le diera de comer y que le dijo con cinco o seis años que la tenía que casar».

La familia, durante el crecimiento del menor y sobre todo cuando frecuenta otros ámbitos de socialización como son la escuela o las relaciones con otros menores, vigila para impedir influencias externas, pero no de una forma impositiva de su autoridad para controlar la situación.

5. Fórmula extrafamiliar en contexto inmediato

En la etapa de la adolescencia es el momento en que el menor se empieza a independizar emocionalmente de los padres. El individuo extiende su círculo social y queda expuesto a la influencia de otros agentes de socialización.

Entre 2013 y 2017 en España hubo tres personas (dos de ellas menores) que dirigieron su empeño en captar a sus «novias» valiéndose de la relación sentimental con el objeto de que ellas adoptaran la ideología yihadista y fueran acordes con el comportamiento de ellos. El cambio fue radical incluso en su aspecto externo ya que adoptaron el velo integral *(shalwar kameez)*.

Además, las adoctrinaron con vídeos de organizaciones yihadistas con el fin de intercambiar sus conocimientos en sus citas diarias e incluso lograr que ellas radicalizaran también a sus familiares más próximos y a su círculo de amigos.

Los individuos del grupo de iguales, además de actuar como agentes de radicalización, pueden ejercer como facilitadores de aproximación de los menores a un entorno propicio para su captación.

6. Fórmula extrafamiliar en contexto online

A partir de los atentados a las Torres Gemelas en pleno corazón financiero de NYC el 11 de septiembre de 2001 es cuando se ve la vulnerabilidad ante el terrorismo radical pues hasta ese momento era impensable que un grupo yihadista utilizara las tecnologías de la información y comunicación (TIC) para cometer tan execrable atentado en occidente.

Estos individuos actúan radicalmente extendiendo su influencia para captar a menores y atraerlos a sus filas. Si bien antes este proceso se realizaba en un entorno físico en la actualidad el medio más idóneo es el ciberespacio (Guirao Cid 2019).

Las organizaciones terroristas están formadas por grupos de individuos perfectamente adoctrinados y radicalizados.

Los captores se valen de la edad de los menores, su apego al riesgo para captar su atención por medios virtuales y así los atraen a su causa.

Lo incuestionable es que redes sociales como Facebook o Twitter, son la puerta de entrada a la radicalización de los jóvenes, una vez introducidos en la misma, pasan a utilizar canales privados de comunicación como *Kick*, *WhatsApp* o *Telegram*. (USA GOVERNMENT).

Tribunal Supremo, Sala Segunda, de lo Penal, Sentencia 140/2019 de 13 Mar. 2019, Rec. 10637/2018

«Una vez producidos los primeros contactos, y en caso de que estos fueran satisfactorios en cuanto a la afinidad ideológica entre captador y captado, se pasaba a una segunda red social, la plataforma de comunicación instantánea WhatsApp. Ya en esta aplicación se continuaban con los contactos, personales (usuario/usuario), para posteriormente, y siempre que se mantuvieran aquellos de manera positiva, agregar al sujeto objeto de captación a los grupos de la mencionada aplicación, cuya capacidad máxima es de 100 usuarios, y que eran gestionados por Penélope y Pilar. En principio, a los sujetos objeto de captación se les decía que en los grupos sólo se hablaba de religión, hecho que era cierto.

Así, el día 8 de agosto de 2015 tienen una conversación Pilar y una joven de 15 años llamada Teodora quien manifestó vivir en Pamplona y de la que se desconocen más datos de filiación, en la que se muestra la materialización de los primeros contactos entre captador y captada. Pilar ofrece a la menor de edad la posibilidad de participar en unos grupos de WhatsApp en los que se habla de religión islámica y en los que se intercambia diverso material multimedia sobre dicha religión, si bien con la ulterior finalidad de radicalizar su voluntad hacia el estado islámico. Pilar trata de convencer a la menor, esgrimiendo que en el grupo participan otras menores de edad como ella, por lo que podrá hablar con gente de su edad y aprender junto con ellas:

Teodora: "(...) Mi padre siempre me pregunta por ti. Eres un ejemplo para él. Me dice **siempre que lleve el 'hiyab', desde que te vio a ti con el 'hiyab'** no para de decírmelo (...)".

Pilar: (...) Tengo un grupo en el Facebook, o sea en el WhatsApp, y en el grupo solo tengo a tías, **solo hablarnos de temas de religión**, cuando llegue a casa te agrego. Allí tengo mucha información, y puedes hacer las preguntas que quieras, nos enviamos muchos videos y fotos sobre el Islam. Cuando no tenernos mucho que hacer podemos leer y aprender cosas juntos (...)».

Los yihadistas utilizan nombres ficticios en la radicalización online, se valen de la interacción para conversar con los menores. Cuando esta relación online se afianza conciertan encuentros físicos con los menores hasta llegar a un grado tal de confianza que hacen aumentar la intervención del menor en actividades yihadistas, Es así como logran la participación del menor.

Ø La red Kibera ejecutó este procedimiento con el fin de convencer a determinadas jóvenes a viajar a Siria como yihadistas (Martí 2021).

7. Ley del menor y terrorismo

Los menores implicados en estos actos de terrorismo se encuentran con duras respuestas penales a partir del año 2000 con la publicación en el B.O.E. de la LO 7/2000, de 22 de diciembre que refuerza las medidas de lucha contra el terrorismo, entre estas está la D. Ad. 4.ª por la que se pena a los menores implicados en estos delitos de terrorismo de tal gravedad y sobre todo a los que cometan determinados delitos como: homicidio doloso (Art. 138 del CP), asesinato (Art. 139 del CP), violación (Art. 179 del CP), agresiones sexuales y violación agravadas (Art. 180 del CP), **delitos de terrorismo** (arts. 571 a 580 del CP), incluyendo una fórmula final que extiende la aplicación de las previsiones de la disposición cuando el delito cometido esté sancionado en el CP con pena de prisión igual o superior a quince años.

Respecto a los menores se incorporan las siguientes especialidades:

- Se atribuye al Juzgado Central de Menores en la Audiencia Nacional, la competencia para conocer de los delitos tipificados en los arts. 571 a 580 del CP.

- Sus autos y sentencias son recurribles en apelación ante la Sala de la Audiencia Nacional, las sentencias de esta, en casación, ante la Sala Segunda del Tribunal Supremo.
- En materia sancionadora (art.10. 2 de la LORPM):

> «2. Cuando el hecho sea constitutivo de alguno de los delitos tipificados en los artículos 138, 139, 179, 180 y **571 a 580 del Código Penal**, o de cualquier otro delito que tenga señalada en dicho Código o en las leyes penales especiales pena de prisión igual o superior a quince años, el Juez **deberá imponer** las medidas siguientes: a) si al tiempo de cometer los hechos el menor tuviere catorce o quince años de edad, una medida de internamiento en régimen cerrado de uno a cinco años de duración, complementada en su caso por otra medida de libertad vigilada de hasta tres años. b) si al tiempo de cometer los hechos el menor tuviere **dieciséis o diecisiete años** de edad, una medida de internamiento en régimen cerrado de uno a ocho años de duración, complementada en su caso por otra de libertad vigilada con asistencia educativa de hasta cinco años. En este supuesto sólo podrá hacerse uso de las facultades de modificación, suspensión o sustitución de la medida impuesta a las que se refieren los artículos 13, 40 y 51.1 de esta Ley Orgánica, cuando haya transcurrido al menos, la mitad de la duración de la medida de internamiento impuesta. 3. En el caso de que el delito cometido sea alguno de los comprendidos en los artículos **571 a 580 del Código Penal**, el Juez, sin perjuicio de las demás medidas que correspondan con arreglo a esta Ley, también **impondrá** al menor una medida de inhabilitación absoluta por un tiempo superior entre cuatro y quince años al de la duración de la medida de internamiento en régimen cerrado impuesta, atendiendo proporcionalmente a la gravedad del delito, el número de los cometidos y a las circunstancias que concurran en el menor. 4. Las medidas de libertad vigilada previstas en este artículo deberán ser ratificadas mediante auto motivado, previa audiencia del Ministerio Fiscal, del letrado del menor y del representante de la entidad pública de protección o reforma de menores al finalizar el internamiento, y se llevará a cabo por las instituciones públicas encargadas del cumplimiento de las penas».

- Pluralidad de infracciones (art.11.2 de la LORPM):

> «2. Cuando alguno o algunos de los hechos a los que se refiere el apartado anterior fueren de los mencionados en el artículo 10.2 de esta Ley, la medida de internamiento en régimen cerrado podrá alcanzar una **duración máxima** de diez años para los mayores de dieciséis años y de seis años para los menores de esa edad, sin perjuicio de la medida de libertad vigilada que, de forma complementaria, corresponda imponer con arreglo a dicho artículo».

8. Referencias bibliográficas

Abadías Selma, A., *Delincuencia juvenil. Temas para su estudio*. 1.ª edición, Editorial Colex, A Coruña, 2021.

Abadías Selma, A., *Derecho penal. Parte especial. Temas prácticos para su estudio*, 2.ª edición, Editorial Colex, A Coruña, 2022.

Gómez Rivero, M.ª C., **Nieto Martín, A.**, **Cortés Bechiarelli, E.** y **Núñez Castaño, E.**, *Nociones fundamentales de Derecho Penal. Parte especial*. Tecnos, Madrid, 2019.

Guirao Cid, Mª. C., «La ciberradicalización: una nueva forma de victimización», en *Revista de los Estudios de Derecho y Ciencia Política*, n.º 29, 2019.

Lamarca Pérez, C., *Delitos., La parte especial del Derecho penal*, Lamarca Pérez, C. (coord.). Madrid, Dykinson, 2019.

López-Muñoz J., *Criminalidad organizada y terrorismo*, Dykinson, Madrid, 2019.

Martí, D., *Formas de radicalización y reclutamiento yihadista en Occidente*, en Observatorio Internacional de estudios sobre terrorismo, 2021.

Nassar, J.R., *Globalization and Terrorism: The Migration of Dreams and Nightmares*. Rowman & Littlefield Publisher, 2009.

Real Academia Española, *Diccionario de la lengua española*. Disponible en: https://www.rae.es/.

Reinares, F. y **García-Calvo, C.**, *Estado Islámico en España*, en Real Instituto Elcano, 2016. Disponible en: https://bit.ly/31Sts1G

USA Government, «Testimony before the House Foreign Affairs Committee Subcommittee on Terrorism, Nonproliferation, and Trade, the Honorable Mark D. Wallace», CEO, *Counter Extremism Project*, January 27, 2015. Disponible en: https://bit.ly/2HOYT6f.

Velasco Núñez, E., *Delitos tecnológicos. Cuestiones penales y procesales*, Madrid, Wolters Kluwer España, S.A., 2021.

Vicente, Á., *Fórmulas utilizadas para la radicalización y el reclutamiento yihadista de menores en España*, en Real Instituto Elcano, 2018.

Jurisprudencia

- Tribunal Supremo, Sala Segunda, de lo Penal, Sentencia 140/2019 de 13 Mar. 2019, Rec. 10637/2018.
- Sentencia de la Audiencia Nacional 18/2019, 28 de octubre de 2019.
- AP de Madrid (Sección 24ª) Sentencia núm. 1066/2021 de 13 diciembre.

Legislación

- Resolución del Consejo de Seguridad de Naciones Unidas 2178, aprobada el 24 de septiembre de 2014.

- Directiva (UE) 2017/541 del Parlamento Europeo y del Consejo, de 15 de marzo de 2017, relativa a la lucha contra el terrorismo y por la que se sustituye la Decisión marco 2002/475/JAI del Consejo y se modifica la Decisión 2005/671/JAI del Consejo.
- Ley Orgánica 10/1995, de 23 de noviembre, del Código Penal. «BOE» núm. 281, de 24/11/1995.
- Ley Orgánica 5/2000, de 12 de enero, reguladora de la responsabilidad penal de los menores. «BOE» núm. 11, de 13 de enero de 2000.

A fondo

La esposa de un terrorista encarcelado: «Le enseñaba vídeos islamistas a mi hijo, que lloraba de terror».

La esposa del islamista miembro de la Brigada Al Andalus, Nabil Benazzou, relata cómo su marido se radicalizó hasta volverse alguien irreconocible. Todavía ella y sus dos hijos sufren las secuelas.

Puedes acceder desde la siguiente dirección web:

https://www.elmundo.es/espana/2017/07/17/596ba228e5fdeab34e8b45a4.html

Diez años de internamiento, pena máxima para el terrorista autor del atropello en el atentado de Barcelona.

Diez años de internamiento en un centro de menores más un periodo de libertad vigilada complementaria. Es la pena máxima que se le puede imponer a un menor como autor de atentado terrorista.

Puedes acceder al video desde la siguiente dirección web:

https://elpais.com/politica/2017/08/18/actualidad/1503057964_467095.html

Tratado sobre delincuencia juvenil y responsabilidad penal del menor (2021) Wolters Kluwer La Ley.

Esta obra colectiva constituye, sin duda, la contribución más ambiciosa a la bibliografía jurídica española sobre la responsabilidad penal del menor. Compendia la perspectiva legal y judicial tras veinte años de la aprobación de la Ley del menor.

Con **más de setenta autores** de múltiples disciplinas, podrás aprender y disfrutar de esta apasionante materia.

Test

1. Los delitos de terrorismo están previstos en:

a) Los artículos 572 a 578 del CP.
b) Los artículos 570 a 575 del CP.
c) Los artículos 570 a 575 de la LORPM.
d) Los artículos 559 a 570 del CC.

RESPUESTA: **La A, los delitos de terrorismo previstos en los artículos 572 a 578 del Código Penal.**

2. Según el DRAE, terrorismo es:

a) La actuación criminal de organizaciones, que, reiteradamente y por lo común de modo indiscriminado, pretende crear alarma social con fines políticos.
b) La actuación criminal de bandas organizadas, que, reiteradamente y por lo común de modo discriminado, pretende crear alarma social con fines políticos.
c) La actuación criminal de bandas organizadas, que, reiteradamente y por lo común de modo discriminado, pretende crear alarma social con fines religiosos.
d) La actuación criminal de bandas organizadas, que, reiteradamente y por lo común de modo indiscriminado, pretende crear alarma social con fines políticos.

RESPUESTA: **La D, según el DRAE (2019), terrorismo es «la actuación criminal de bandas organizadas, que, reiteradamente y por lo común de modo indiscriminado, pretende crear alarma social con fines políticos».**

3. Con la entrada en vigor de la Ley Orgánica 2/2015, de 30 de marzo los artículos 571 a 580 CP muestran una nueva redacción y sistemática. Fue debida por:

a) Directiva (UE) 2015/541 del Parlamento Europeo y del Consejo, de 15 de marzo de 2017, relativa a la lucha contra el terrorismo y por la que se sustituye la Decisión marco 2002/475/JAI del Consejo y se modifica la Decisión 2005/671/JAI del Consejo.
b) Resolución del Consejo de Seguridad de Naciones Unidas 2178, aprobada el 24 de septiembre de 2014.
c) Directiva (UE) 2014/541 del Parlamento Europeo y del Consejo, de 15 de marzo de 2014, relativa a la lucha contra el terrorismo.

d) Directiva (UE) 2015/541 del Parlamento Europeo y del Consejo, de 15 de marzo de 2015, relativa a la lucha contra el terrorismo.

RESPUESTA: **La B, fue debida por la Resolución del Consejo de Seguridad de Naciones Unidas 2178, aprobada el 24 de septiembre de 2014, donde se muestra la preocupación por la proliferación de nuevas formas de terrorismo que requieren una repuesta proporcionada y uniforme de los Estados Miembros (Gómez Rivero et al. 2019, p.709).**

4. El bien jurídico protegido del delito de terrorismo es:

a) La vida.
b) El orden constitucional.
c) La libertad.
d) Todas son correctas.

RESPUESTA: **La D, se trata de tipos pluriofensivos donde de modo inmediato se vulneran bienes jurídicos individuales, como la vida, la libertad, etc., y de modo mediato se protegen los bienes colectivos de defensa del orden constitucional y la paz pública (Lamarca Pérez 2019, p.1031).**

5. Internet también está en el punto de mira de las organizaciones terroristas porque aporta hasta:

a) El 80% de la información necesaria.
b) El 75% de la información necesaria.
c) El 90% de la información necesaria.
d) El 85% de la información necesaria.

RESPUESTA: **La A, Internet también está en el punto de mira de las organizaciones terroristas porque aporta hasta el 80% de la información necesaria para planificar y cometer atentados.**

6. La radicalización yihadista es el proceso a través del cual:

a) Un individuo termina asumiendo, en mayor grado, cualidades y creencias propias de la adaptación belicosa del salafismo, una representación rigorista a la vez que violenta de concebir el credo islámico.
b) Un individuo termina asumiendo, menor grado, cualidades y creencias propias de la adaptación belicosa del salafismo, una representación rigorista a la vez que violenta de concebir el credo islámico.
c) Un individuo termina asumiendo, en mayor o menor grado, cualidades y creencias propias de la adaptación belicosa del salafismo, una representación rigorista a la vez que violenta de concebir el credo islámico.

d) Un individuo termina asumiendo, en mayor o menor grado, cualidades y creencias propias de la adaptación pacifista del salafismo, una representación rigorista a la vez que violenta de concebir el credo islámico.

RESPUESTA: **La C, la radicalización yihadista es el proceso a través del cual un individuo termina asumiendo, en mayor o menor grado, cualidades y creencias propias de la adaptación belicosa del salafismo, una representación rigorista a la vez que violenta de concebir el credo islámico.**

7. Quienes han asumido las bases del salafismo combatiente:

a) Hallan contradicción en conjugar su condición paterna con su convicción política y su compromiso militante.
b) No hallan contradicción en conjugar su condición paterna con su convicción política y su compromiso militante.
c) Hallan contradicción en conjugar su condición paterna con su convicción religiosa y su compromiso militante.
d) No hallan contradicción en conjugar su condición paterna con su convicción religiosa y su compromiso militante.

RESPUESTA: **La B, quienes han asumido las bases del salafismo combatiente no hallan contradicción en conjugar su condición paterna con su convicción política y su compromiso militante.**

8. Con la progresiva incorporación del menor en otros ámbitos de socialización, como la escuela o el grupo de pares, desde el núcleo familiar se tiende a ejercer una vigilancia sobre su entorno con el fin de impedir influencias externas, a la vez que se le impone:

a) Un estilo educativo permisivo.
b) Un estilo educativo democrático.
c) Un estilo educativo autoritario.
d) Un estilo educativo Negligente.

RESPUESTA: **La C, desde el núcleo familiar se tiende a ejercer una vigilancia sobre su entorno con el fin de impedir influencias externas, a la vez que se le impone un estilo educativo autoritario.**

9. La competencia en tema de menores para conocer de los delitos tipificados en los arts. 571 a 580 del CP se le atribuye:

a) Al Juzgado de Menores.
b) A la Audiencia Provincial.
c) Al Tribunal Superior de Justicia.

d) Al Juzgado Central de Menores en la Audiencia Nacional.

RESPUESTA: La D, se atribuye al Juzgado Central de Menores en la Audiencia Nacional, la competencia para conocer de los delitos tipificados en los arts. 571 a 580 del CP.

10. ¿Qué otros delitos tienen un tratamiento esencialmente punitivo en la LORPM?

a) La violencia filio-parental.
b) El robo.
c) La sustracción de vehículos.
d) Todas son falsas.

RESPUESTA: La D, homicidio doloso (Art. 138 del CP), asesinato (Art. 139 CP), violación (Art. 179 CP), agresiones sexuales y violación agravadas (Art. 180 CP), delitos de terrorismo (arts. 571 a 580 CP).

TEMA VII.

REINCIDENCIA Y MENORES

REINCIDENCIA Y MENORES

Reincidencia y habitualidad

Dictamen del Comité Económico y Social Europeo
sobre la prevención de la delincuencia juvenil

Art. 10.1.b) LORPM

Art. 8.2 LORPM

Art. 18 LORPM

Art. 9.2 LORPM

Art. 28.2 LORPM

Art. 39.1 LORPM

1. Introducción y objetivos

Menores y reincidentes: tres detenidos por okupar una casa en Varea

Fuente: https://nuevecuatrouno.com/2021/09/08/menores-okupas-fiesta-casa-vivienda-policia-nacional/

Los detenidos son cuatro jóvenes (tres varones y una mujer), menores de edad (entre catorce y dieciséis años). Todos ellos con domicilio en Logroño, de nacionalidades española y argelina.

A cuatro de ellos no les consta antecedentes policiales mientras que a otros dos de los menores les constan antecedentes policiales por allanamiento de morado. Otro de los autores tiene en su historial un delito de desórdenes públicos y otro un delito de robo con violencia y daños.

Para saber más, accede a la siguiente dirección web:

https://nuevecuatrouno.com/2021/09/08/menores-okupas-fiesta-casa-vivienda-policia-nacional/

Para poder profundizar en este tema se recomienda el uso de los siguientes materiales:

- *Derecho Penal. Parte especial. Temas prácticos para su estudio*. Editorial Colex, A Coruña, 2022, Abadías Selma, A.
- Ley Orgánica 5/2000, de 12 de enero, reguladora de la responsabilidad penal de los menores. «BOE» núm. 11, de 13 de enero de 2000.
- Dictamen del Comité Económico y Social Europeo sobre La prevención de la delincuencia juvenil, los modos de tratamiento de la delincuencia juvenil y el papel de la justicia del menor en la Unión Europea.

Los objetivos de aprendizaje de esta unidad son los siguientes:

- Diferenciar entre reincidencia y habitualidad.
- Aproximación de la LORPM y el concepto de reincidencia.
- Conocer la medida cautelar a imponer.
- Aproximación de la reincidencia y la delincuencia juvenil.

2. Diferencia entre reincidencia y habitualidad

La reiteración y la reincidencia delictivas constituyen dos datos de extraordinario valor para evaluar y medir la eficacia de la LORPM, así como para adoptar decisiones político-criminales que ayuden a la prevención e intervención sobre los menores infractores (Cruz Blanca 2018, p.75).

Es preciso no olvidar que ambas variables, aunque afines, **no son idénticas** pues la reiteración delictiva es la multiplicidad de delitos (—no necesariamente de la misma naturaleza— cometidos por un mismo sujeto), mientras que la reincidencia es un concepto legal previsto en el art. 22. 8º del Código penal:

➔ Ser reincidente.

> «Hay reincidencia cuando, al delinquir, el culpable haya sido condenado ejecutoriamente por un delito comprendido en el mismo título de este Código, siempre que sea de la misma naturaleza.
>
> A los efectos de este número no se computarán los antecedentes penales cancelados o que debieran serlo, ni los que correspondan a delitos leves.
>
> Las condenas firmes de jueces o tribunales impuestas en otros Estados de la Unión Europea producirán los efectos de reincidencia salvo que el antecedente penal haya sido cancelado o pudiera serlo con arreglo al Derecho español».

En el Dictamen del Comité Económico y Social Europeo sobre La prevención de la delincuencia juvenil, los modos de tratamiento de la delincuencia juvenil y el papel de la justicia del menor en la Unión Europea de 2006 considera muy oportuno analizar y evaluar la reincidencia juvenil, «no solo porque afecta a una parte especialmente sensible de su población (los menores y jóvenes y, con frecuencia, dentro de éstos, los pertenecientes a colectivos en riesgo de exclusión social), sino porque prevenir e intervenir hoy con los menores y jóvenes infractores implica ya de por si, además de intentar reinsertarlos socialmente, prevenir la delincuencia adulta de mañana».

El Dictamen considera imprescindible «contar con datos cuantitativos actualizados y comparables sobre el estado de la delincuencia juvenil en los veinticinco países de la Unión Europea, que permitan conocer de un modo fiable con qué nos enfrentamos, cuál es la verdadera dimensión del problema y las diferentes maneras de afrontarlo, teniendo presente (entre otras variables) las diferencias que pudieran darse entre hombres y mujeres infractores».

Hay que resaltar las recomendaciones del Comité de Ministros del Consejo de Europa (2008) que partiendo de que «las sanciones o medidas que puedan imponerse a menores, así como la forma de ejecución, deberá estar especificada por la Ley y basada en los principios de integración social y educación y en la prevención de la reincidencia», destaca la importancia de que todas las decisiones que se adopten en el ámbito de la justicia juvenil estén basadas en análisis científicos.

La Parte VII de la citada Recomendación (2008)11 rubricada Evaluación, investigación, trabajo con los medios de comunicación y con el público, recoge algunas disposiciones de interés:

➔ La norma 135 dispone que: «Las medidas y sanciones diseñadas para los menores deben desarrollarse sobre la base de la investigación y la evaluación científica».

➔ La norma 136.1 señala que: «A tales efectos, deberán recabarse datos comparativos que permitan evaluar el éxito o el fracaso de las medidas y sanciones comunitarias y de internamiento. Tal evaluación deberá prestar atención a las tasas de *recidivismo* y a sus causas».

➔ La norma 136.2 dispone que: «También deberán recabarse datos sobre las circunstancias personales y sociales de los menores y sobre las condiciones en los centros en los que los menores pueden ser ingresados».

3. La reiteración y la reincidencia delictivas de los menores infractores y su incidencia en la ley orgánica de responsabilidad penal de los menores

Pese a que la LORPM no hace mención expresa al efecto que la apreciación de circunstancias agravantes y atenuantes puedan tener en la determinación y duración de las medidas, sí menciona explícita o implícitamente la reiteración y/o reincidencia delictiva en algunos de sus artículos (Cruz Blanca 2018, p.77).

Entre los artículos que exigen la concurrencia efectiva de la circunstancia de reincidencia se encuentran las siguientes disposiciones:

➔ Art. 10.1.b) LORPM que obliga al juez de menores a imponer una medida de internamiento en régimen cerrado de 1 a 6 años cuando el menor, mayor de 16 años, haya cometido alguno de los delitos previstos en el art. 9.2 LORPM (delitos graves, delitos menos graves cometidos con violencia o intimidación, delitos cometidos en banda, organización o asociación), y además el hecho revista extrema gravedad «entendiendo como tal siempre la reincidencia».

Para Colás Turégano (2021, p. 821) esta última cláusula (reincidencia como supuesto de extrema gravedad) es imprecisa, que habrá de interpretarse dentro de los límites del CP y en cualquier caso la concurrencia de la agravante no ha de suponer un agravio comparativo para el menor que, de acuerdo con estas reglas de la propia ley (art. 8.2 LORPM) en ningún caso podrá ser sancionado más gravemente que el adulto por los mismos hechos.

➔ El art. 28.2 LORPM que recoge como uno de los criterios para adoptar medidas cautelares «que el menor hubiera cometido o no con anterioridad otros hechos graves de la misma naturaleza».

Concepto del que cabe deducir los siguientes requisitos:

a) Que haya sido ejecutoriamente condenado con anterioridad por otro delito. Es ejecutoria la sentencia firme, no pueden generar reincidencia las condenas de Tribunales extranjeros, salvo en los casos en que se establezca lo contrario. Tampoco se podrá apreciar reincidencia con base a delitos anteriores previstos en leyes penales especiales, pues en el código taxativamente se indica que solo pueden generar reincidencia las condenas por delitos comprendidos «en el mismo Título de este código».
b) El sujeto ha de volver a delinquir. La reincidencia ya no se puede estimar cuando el hecho se produce habiéndose cancelado los antecedentes penales o habiendo debido serlo. Al respecto se ha suscitado

la polémica relativa al plazo que hay que tomar en consideración para la cancelación de los antecedentes que tienen su origen en una sentencia condenatoria de la jurisdicción de menores.

c) Los delitos anteriormente condenados y el cometido con posterioridad han de estar comprendidos en el mismo título del código y ser de la misma naturaleza.

Así nos tendremos que encontrar ante supuestos de identidad o similitud del tipo o identidad del bien jurídico conculcado (Colás Turégano 2021, p. 822).

➔ El art. 18 LORPM, párrafo segundo, permite en ciertos casos desistir de la incoación del expediente por corrección del menor en el ámbito educativo y familiar; no obstante, el expediente deberá ser incoado «cuando conste que el menor ha cometido con anterioridad otros hechos de la misma naturaleza».

➔ Finalmente, el párrafo 1° del art. 39.1 LORPM que señala cuál ha de ser el contenido de la sentencia dictada por el juez de menores que deberá contener, entre otros datos, «la circunstancia de que el menor hubiera cometido o no con anterioridad otros hechos de la misma naturaleza».

El art. 28.1 LORPM atiende a la reiteración delictiva como pronóstico de reincidencia cuando se refiere al «riesgo de atentar contra los bienes jurídicos de la víctima» como uno de los criterios para acordar la adopción de medidas cautelares no exigiendo, en este último caso, que la nueva conducta delictiva que eventualmente pueda cometer el menor sea de la misma naturaleza que el delito que puede llevar a la imposición de la medida cautelar (Cruz Blanca 2018, p.77).

4. Internamiento cautelar en centro cerrado

Auto de la Audiencia Provincial de Lérida n.° 351/2017

La regulación actual exige, como presupuesto para la adopción de dicha medida cautelar, que existan indicios racionales de la comisión de un delito y el riesgo de eludir u obstruir la acción de la justicia por parte del menor o de atentar contra los bienes jurídicos de la víctima, todo ello atendiendo a la custodia y defensa del menor expedientado o a la debida protección de la víctima.

Remarcándose que el juez resolverá tomando en especial consideración el interés del menor, así como la gravedad de los hechos, valorando también:

- Las circunstancias personales y sociales del menor.
- La existencia de un peligro cierto de fuga.
- Y **especialmente**, el que el menor hubiera cometido o no con anterioridad otros hechos graves de la misma naturaleza (art.28 LORPM).

En el presente caso concurren todos y cada uno de los citados presupuestos, pues:

- En un primer término, existen indicios suficientes para imputar al menor la comisión de un delito de robo con violencia en las personas en establecimiento abierto al público y con uso de instrumento peligroso, tipificado en el art. 242 del CP, como así deriva indiciariamente de la declaración del vigilante de seguridad del supermercado, al señalar que el menor trató de abandonar el establecimiento sin abonar el importe de diversos objetos que llevaba escondidos, siendo en el momento en que le requirió para que se los entregara cuando le golpeó la cabeza con una botella de cristal, propinándole seguidamente un golpe con la cabeza en la frente y un puñetazo en un ojo, consiguiendo finalmente huir con diversos objetos en su poder.

- Segundo término, concurren los restantes presupuestos a los que se refiere el art.28 LORPM, y, concretamente, un peligro de fuga, atendiendo no solo a la gravedad de los hechos y a la medida que pudiera imponerse sino también a las circunstancias personales y sociales del menor y a la comisión anterior de otros hechos delictivos, algunos de ellos de la misma naturaleza.

El Equipo Técnico hizo expresa referencia a las dificultades de contención del menor por parte de su núcleo de convivencia, a la presencia de indicadores de riesgo en sus grupos de relación y a la escasa respuesta del menor a la intervención que el citado equipo estaba llevando a cabo.

Con un cumplimiento meramente formal de la medida educativa de libertad vigilada impuesta por su participación en otro hecho delictivo, contando además con un total de **cinco expedientes de reforma**.

5. La reincidencia y delincuencia juvenil

Moffitt (2007), en una investigación elaborada durante más de 10 años, concluyó que las actividades antisociales de los delincuentes reincidentes tienen su origen a partir de la etapa infantil, desarrollando una constante delictiva que se alargará durante las tres primeras décadas de vida del sujeto.

Sanz Morán (2016, p.2) al hacer referencia a este término penal, considera necesario distinguir entre el concurso de delitos y la reincidencia propiamente dicha. Así, dicho autor afirma que los primeros son aquellos que se producen sin la existencia de una sentencia condenatoria previa; mientras que para que se exteriorice la segunda circunstancia sí es necesario que el sujeto infractor haya sido condenado previamente mediante una sentencia firme.

Una investigación llevada a cabo por Montero Hernanz (2011, pp. 100-102) sobre la delincuencia juvenil femenina, se aprecia como las conductas delictivas de las mujeres han ido descendiendo, concluyendo que «se da una mayor reiteración de las conductas entre los hombres que entre las mujeres», añadiendo dicho autor que «las infracciones cometidas por mujeres representan algo menos del 15% del total de infracciones cometidas por menores de entre catorce y diecisiete años».

6. Referencias bibliográficas

Colás Turégano, M. A., «Selección y determinación de las medidas en la LORRPM. Criterios jurisprudenciales y de la FGE tras veinte años de vigencia», en Abadías Selma, A., Cámara Arroyo, S. y Simón Castellano, P. (Coords.) *Tratado sobre delincuencia juvenil y responsabilidad penal del menor. A los 20 años de la Ley Orgánica 5/2000, de 12 de enero, reguladora de la responsabilidad penal de los menores*, Wolters Kluwer La Ley, Madrid, 2021.

Cruz Blanca, M. J., «La importancia de la investigación criminológica para valorar la eficacia resocializadora de la ley orgánica de responsabilidad penal de los menores», en *Revista de Derecho, Empresa y Sociedad*, n.º 13, 2018.

Dictamen del Comité Económico y Social Europeo *sobre La prevención de la delincuencia juvenil, los modos de tratamiento de la delincuencia juvenil y el papel de la justicia del menor en la Unión Europea*, 2006.

Moffitt, T. E., «A review of research on the taxonomy of life-course persistent versus adolescence-limited antisocial behavior», in *The Cambridge handbook of violent behavior and aggresssion*, Flannery, D.J., Vazsonyi A.T. & Waldman I.D. (Eds.), New York, 2007, pp. 49-74.

Montero Hernanz, T., «La evolución de la delincuencia juvenil en España (1ª parte)», en *La Ley Penal*, año VIII, núm. 78, 2011, pp. 100-102.

Recomendación del Comité de Ministros del Consejo de Europa *sobre Reglas Europeas para infractores juveniles sometidos a sanciones o medidas*. (2008)11

Sanz Morán, A.J., «La reiteración delictiva: modelos de respuesta», en *Reincidencia y concurso de delitos. Reiteración delictiva*, Maldonado Fuentes F. (Coord.), Buenos Aires, 2016, p. 2.

Jurisprudencia

- Auto de la Audiencia Provincial de Lérida, sec. 1ª, n.º 351/2017, de 27-6-2017, Pte. GARCÍA NAVASCUES, VÍCTOR MANUEL.

Legislación

- Ley Orgánica 10/1995, de 23 de noviembre, del Código Penal.
- Ley Orgánica 5/2000, de 12 de enero, reguladora de la responsabilidad penal de los menores. «BOE» núm. 11, de 13 de enero de 2000.
- Ley Orgánica 8/2021, de 4 de junio, de protección integral a la infancia y la adolescencia frente a la violencia. «BOE» núm. 134, de 5 de junio de 2021.

A fondo

Valoración del riesgo y reincidencia delictiva.

Se trata de la conferencia de clausura del Dr. D. Antonio Andrés-Pueyo, en la que nos habla de forma muy clara sobre la valoración del riesgo y la reincidencia delictiva, pues su equipo de investigación puso en marcha un instrumento denominado *RisCanvi*.

Accede al artículo desde la siguiente dirección web:

https://www.youtube.com/watch?v=GcL55opJXys

Test

1. La reiteración y la reincidencia delictivas constituyen:

a) Datos de extraordinario valor para evaluar y medir la eficacia de la LORPM.
b) Adoptar decisiones político-criminales que ayuden a la prevención e intervención sobre los menores infractores.
c) Datos de ordinario valor para evaluar y medir la eficacia de la LORPM.
d) A y B son correctas.

RESPUESTA: **La D, La reiteración y la reincidencia delictivas constituyen dos datos de extraordinario valor para evaluar y medir la eficacia de la LORPM, así como para adoptar decisiones político-criminales que ayuden a la prevención e intervención sobre los menores infractores (Cruz Blanca 2018, p.75).**

2. La reiteración delictiva es:

a) La multiplicidad de delitos y necesariamente de la misma naturaleza cometido por un mismo sujeto.
b) La multiplicidad de delitos y no necesariamente de la misma naturaleza cometido por un mismo sujeto.
c) Es un concepto legal previsto en el art. 22. 8.° del CP.
d) Es un concepto dogmático.

RESPUESTA: **La B, pues la reiteración delictiva es la multiplicidad de delitos (—no necesariamente de la misma naturaleza— cometidos por un mismo sujeto).**

3. Según el art. 28.° del CP:

a) Las condenas firmes de jueces o tribunales impuestas en otros Estados de la Unión Europea producirán los efectos de reincidencia siempre.
b) Las condenas firmes de jueces o tribunales impuestas en otros Estados de la Unión Europea producirán los efectos de reincidencia nunca.
c) Las condenas firmes de jueces o tribunales impuestas en otros Estados de la Unión Europea producirán los efectos de reincidencia salvo que el antecedente penal haya sido cancelado o pudiera serlo con arreglo al Derecho español.
d) Todas son falsas.

RESPUESTA: **La C, las condenas firmes de jueces o tribunales impuestas en otros Estados de la Unión Europea producirán los efectos de reincidencia salvo que el antecedente penal haya sido cancelado o pudiera serlo con arreglo al Derecho español.**

4. El Dictamen del Comité Económico y Social Europeo sobre La prevención de la delincuencia juvenil, los modos de tratamiento de la delincuencia juvenil y el papel de la justicia del menor en la Unión Europea de 2006 considera imprescindible:

a) Contar con datos cuantitativos actualizados y comparables sobre el estado de la delincuencia juvenil.

b) Todas son correctas.

c) Conocer de un modo fiable con que nos enfrentamos.

d) La verdadera dimensión del problema y las diferentes maneras de afrontarlo.

RESPUESTA: La B, el Dictamen considera imprescindible «contar con datos cuantitativos actualizados y comparables sobre el estado de la delincuencia juvenil en los veinticinco países de la Unión Europea, que permitan conocer de un modo fiable con que nos enfrentamos, cuál es la verdadera dimensión del problema y las diferentes maneras de afrontarlo, teniendo presente (entre otras variables) las diferencias que pudieran darse entre hombres y mujeres infractores».

5. La LORPM:

a) Hace mención expresa al efecto que la apreciación de circunstancias agravantes y atenuantes puedan tener en la determinación y duración de las medidas, sí menciona explícita o implícitamente la reiteración y/o reincidencia delictiva en algunos de sus artículos.

b) No hace mención expresa al efecto que la apreciación de circunstancias agravantes y atenuantes puedan tener en la determinación y duración de las medidas, sí menciona explícita o implícitamente la reiteración y/o reincidencia delictiva en algunos de sus artículos.

c) Hace mención expresa al efecto que la apreciación de circunstancias agravantes y atenuantes puedan tener en la determinación y duración de las medidas, no menciona explícita o implícitamente la reiteración y/o reincidencia delictiva en algunos de sus artículos.

d) No hace mención expresa al efecto que la apreciación de circunstancias agravantes y atenuantes puedan tener en la determinación y duración de las medidas, no menciona explícita o implícitamente la reiteración y/o reincidencia delictiva en algunos de sus artículos.

RESPUESTA: La B, pese a que la LORPM no hace mención expresa al efecto que la apreciación de circunstancias agravantes y atenuantes puedan tener en la determinación y duración de las medidas, sí menciona explícita o implícitamente la reiteración y/o reincidencia delictiva en algunos de sus artículos (CRUZ BLANCA 2018, p.77).

6. El art. 10.1.b) LORPM obliga al juez de menores a imponer una medida de internamiento en régimen cerrado de 1 a 6 años cuando el menor:

a) Mayor de 16 años, haya cometido alguno de los delitos previstos en el art. 9.2 LORPM y además el hecho revista extrema gravedad «entendiendo como tal siempre la reincidencia».

b) Mayor de 14 años, haya cometido alguno de los delitos previstos en el art. 9.2 LORPM y además el hecho revista extrema gravedad «entendiendo como tal siempre la reincidencia».

c) Mayor de 17 años, haya cometido alguno de los delitos previstos en el art. 9.2 LORPM y además el hecho revista extrema gravedad «entendiendo como tal siempre la reincidencia».

d) Mayor de 15 años, haya cometido alguno de los delitos previstos en el art. 9.2 LORPM y además el hecho revista extrema gravedad «entendiendo como tal siempre la reincidencia».

RESPUESTA: **La A, el Art. 10.1.b) LORPM obliga al juez de menores a imponer una medida de internamiento en régimen cerrado de 1 a 6 años cuando el menor, mayor de 16 años, haya cometido alguno de los delitos previstos en el art. 9.2 LORPM (delitos graves, delitos menos graves cometidos con violencia o intimidación, delitos cometidos en banda, organización o asociación), y además el hecho revista extrema gravedad «entendiendo como tal siempre la reincidencia».**

7. Los requisitos para adoptar medidas cautelares en base al art. 28.2 LORPM (señale la falsa):

a) Que haya sido ejecutoriamente condenado con anterioridad por otro delito.

b) El sujeto ha de volver a delinquir. La reincidencia ya no se puede estimar cuando el hecho se produce habiéndose cancelado los antecedentes penales o habiendo debido serlo.

c) Se podrá apreciar reincidencia con base a delitos anteriores previstos en leyes penales especiales

d) Los delitos anteriormente condenados y el cometido con posterioridad han de estar comprendidos en el mismo título del código y ser de la misma naturaleza.

RESPUESTA: **La C, tampoco se podrá apreciar reincidencia con base a delitos anteriores previstos en leyes penales especiales, pues en el código taxativamente se indica que solo pueden generar reincidencia las condenas por delitos comprendidos «en el mismo Título de este código».**

8. El Juez resolverá tomando en especial consideración el interés del menor, así como la gravedad de los hechos, valorando también:

a) Las circunstancias personales y sociales del menor.
b) La inexistencia de un peligro de cierto de fuga.
c) La A y la B son ciertas.
d) E que el menor con anterioridad hubiera cometió hechos menos graves de la misma naturaleza.

RESPUESTA: **La A, Las circunstancias personales y sociales del menor.**

9. MOFFITT (2007), en una investigación elaborada durante más de 10 años, concluyó que las actividades antisociales de los delincuentes reincidentes tienen su origen a partir de la etapa infantil, desarrollando una constante delictiva que se alargará durante:

a) Las dos primeras décadas de vida del sujeto.
b) La primera década de vida del sujeto.
c) Las tres primeras décadas de vida del sujeto.
d) Los dos primeros años de su vida adulta.

RESPUESTA: **La C, desarrollando una constante delictiva que se alargará durante las tres primeras décadas de vida del sujeto.**

10. Una investigación llevada a cabo por MONTERO HERNANZ en el 2011 sobre la delincuencia juvenil femenina se aprecia como las conductas delictivas de las mujeres han ido:

a) Aumentando.
b) Descendiendo.
c) Manteniéndose.
d) No se ha realizado ninguna investigación.

RESPUESTA: **La B, se aprecia como las conductas delictivas de las mujeres han ido descendiendo.**

TEMA VIII.

CATEGORÍAS MÁS REPRESENTATIVAS DEL DELINQUIR DE MENORES

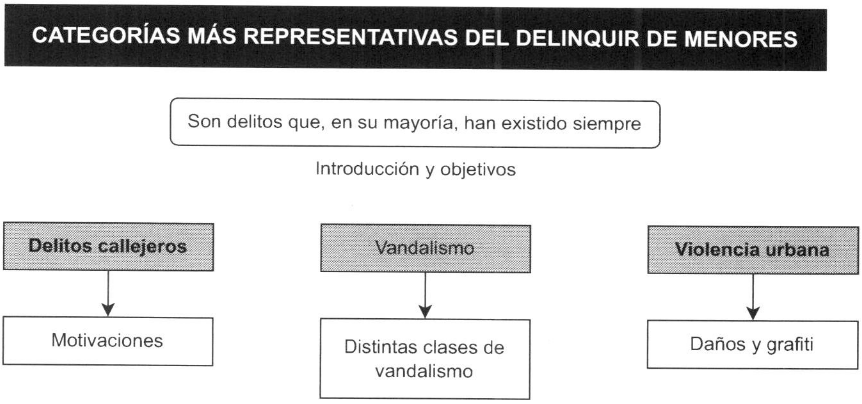

1. Introducción y objetivos

Fuente: https://www.eldiariomontanes.es/region/besaya/nuevos-ataques-graffitis-20211116143232-nt.html

En los últimos días se han multiplicado las agresiones al patrimonio de los Corrales de Buelna con graffitis que afean cuando no dañan elementos notables como la Iglesia de San Juan, junto a la casa familiar de los Quijano, o la Cruz de los Caídos, en pleno centro de la localidad. En el primer caso ha aparecido un gran graffiti junto a la entrada exterior al templo, en el casco histórico de Los Corrales, muy cerca de otro edificio, el palacio del Conde Mansilla, que sufre de continuo las pintadas en una entrada lateral. Tanto lo ha sufrido que los responsables del cuidado de esa **casona del siglo XVII** se han mostrado en más de una ocasión hartos de limpiar las pintadas.

Para saber más, accede a la siguiente dirección web:

https://www.eldiariomontanes.es/region/besaya/nuevos-ataques-graffitis-20211116143232-nt.html

Las actuales categorías, **más impactantes y simbólicas**, del delinquir de menores son los llamados delitos callejeros, vandalismo y violencia urbana.

Los objetivos de aprendizaje de esta unidad son los siguientes:

- Las motivaciones de los delitos callejeros.
- Conocer los diferentes tipos de vandalismo.
- Analizar el concepto de violencia urbana.
- Estudiar las posibles sanciones de los grafitis.

2. Delitos callejeros

Son delitos que en su mayoría han existido siempre.

En todo caso, no se está ante delitos específicamente unitarios, pues no hacen referencia a la lesión de un solo bien social o jurídico, **sino a ataques de bienes o valores múltiples**, realizados de forma similar (Herrero Herrero 2005, p. 46).

La modalidad semejante consiste en cometerlos con manifiesto afán de agredir, gratificándose con la acción violenta o con un cierto desafío a los controles (informales o formales) de la conducta antisocial.

➔ Una parte notable de estos delitos tiene como actores a menores de edad.

Hay que tener en cuenta que el sentimiento de inseguridad y miedo al delito, producido difusamente entre la opinión pública, entre las masas sociales, depende —es verdad— de la intensidad de la delincuencia, operante de forma diversa y desigual, por los distintos escenarios de las poblaciones, o si se centra en sectores especialmente vulnerables (Chalom 2001, pp.105 y ss.)

Se arrastra, por ejemplo, sin sensibilidad alguna, a la víctima, indefensa, del «tirón», se utiliza violencia gratuita para perpetrar el robo, se lesiona gravemente, o se mata, por cantidades ínfimas de dinero, se agrede sexualmente en grupo (...) (Herrero Herrero 2005, p. 46).

Posibles motivaciones:

- Ánimo de lucro. El *animus lucrandi* se identifica con el *animus rem sibi habendi* o de tener la cosa para sí; y consiste en el propósito de aumentar el patrimonio propio a costa del ajeno, sin razón ni motivo legal o moral, cierto o posible que autorice tal conducta (SSTS de 11 de octubre de 1990 y 26 de enero de 2009)
- Satisfacción de la libido. Ánimo libidinoso o propósito de obtener una **satisfacción** del apetito sexual del agente (SAP Sevilla 486/2019, 14 de noviembre de 2019).
- Obviar oposiciones de terceras personas.

Sentencia de la Audiencia Provincial de Pontevedra 155/2019, 15 de Julio de 2019

«Sobre las 22:30 h del día 10 de mayo del 2017 en las proximidades de la pizzería de Pontevedra los **menores** expedientados Mercedes, Doroteo y Evaristo, se acercaron abordando a María Teresa y Bernardino, pidiéndoles inicialmente un cigarro uno de los **menores** del grupo, para acto seguido y ante la negativa a dárselo, propinarle un golpe en la cara a Bernardino y tirarle la pizza que portaba. Inmediatamente después, dos **menores** del mismo grupo, siendo una de ellas Mercedes, se abalanzan sobre María Teresa, le tiraron del pelo derribándola al suelo donde le arrastraron tratando de llevarse el **bolso** que portaba, tirando de él el cual se abrió por el forcejeo, desparramándose sus efectos al suelo, entre ellos un teléfono marca Samsung así como unas gafas graduadas valoradas en 359, 60 euros, que alguno de ellos cogió huyendo todos corriendo del lugar».

3. Vandalismo

Podemos definir vandalismo al fenómeno que consiste en llevar a cabo comportamientos, dentro de un contexto urbano, orientados, de forma directa, a producir daños o estragos materiales de forma puramente gratuita, sobre todo con respecto a muebles o inmuebles de carácter público o al servicio del público.

Se puede confundir el vandalismo con la delincuencia callejera debido a que ambos lesionan los mismos bienes jurídicos (la propiedad ajena) dentro del contexto urbano mediante el ejercicio de la violencia.

➜ El vándalo realiza, casi en exclusiva, daños o estragos (Herrero Herrero, 2005)

La raíz de esa satisfacción, que la destrucción violenta le produce, es la expresión simbólica frente a los adultos, que han de ser tratados como sujetos y no como objetos.

Según Cohen, Kube y Greenwood, hay distintas clases de vandalismo:

- Vandalismo adquisitivo, la agresión material se produce, sin ningún tipo de miramientos, con el objetivo de apoderarse de bienes que se le antojan.
- Vandalismo táctico, orientado a llamar la atención sobre determinada situación o postura para provocar una reacción del o de los destinatarios.
- Vandalismo ideológico, es el llevado a cabo para atraer la atención en torno a determinadas acciones que el autor considera nocivas.
- Vandalismo vengativo, el bien agredido se convierte en un símbolo que representa las venganzas dirigidas de manera intencionada hacia un grupo de personas.
- Vandalismo lúdico, que toma las formas de competición como modo de autoafirmarse ante sí y ante el grupo de iguales.
- Vandalismo perverso, caracterizado por actitudes nihilistas, insinuantes de los límites que se han deponer entre el yo del agente y lo real que ha de subordinársele y sometérsele.

Audiencia Provincial de Segovia (Sección 1ª) Sentencia núm. 9/2018 de 8 marzo

«Entre el día 20 y 21 de marzo de 2.016, **el menor** expedientado Juan Pedro, en un momento determinado varios jóvenes empezaron a mover un vehículo marca CITROEN, propiedad de D. Simón, que se encontraba estacionado en las proximidades, y con las puertas sin el seguro.

El menor expedientado accedió al interior del vehículo y se apoderó de una gorra y de una navaja de pequeñas dimensiones, tipo llavero, a continuación, con la precitada navaja pinchó las dos ruedas del lado izquierdo del vehículo CITROEN AX. A continuación, el menor expedientado pinchó la rueda delantera derecha del vehículo SEAT IBIZA, propiedad de Dña. Fidela, que se encontraba estacionado muy cerca del vehículo CITROEN AX.

El menor expedientado Juan Pedro, junto con Alejandro, Cornelio, Gonzalo, Maximiliano y Teofilo, donde se encontraba estacionado el vehículo PEUGEOT 206, propiedad de D. Apolonio, y pincha con la navaja la rueda delantera derecha. Cuando el menor y el resto de los jóvenes ...les dice que tenía una cosa que hacer, un asunto personal, en ese momento se va sólo y una vez en la calle antes citada rayó la carrocería del vehículo SEAT CÓRDOBA y le pinchó las 4 ruedas, también pinchó/rajó 9 ruedas del camión RENAULT T-520 (...)».

4. Violencia urbana

La ciudad es el paradigma de la organización social, en ella se relacionan los riesgos y las necesidades, lugar donde los individuos luchan por sobrevivir.

Elía Armero (citado por Iglesias Machado 2006) señala como origen de la violencia, las frustraciones provenientes de haber confundido bienestar con felicidad... y no pueden ser sinónimas dos palabras que tienen como finalidad cosas opuestas.

Una peculiaridad de la violencia de los jóvenes es que generalmente va dirigida contra personas de su misma edad, con lo que los jóvenes se convierten en víctimas y verdugos de la violencia urbana.

➔ ¿Qué debemos entender por violencia urbana?

En opinión de Cusson (2001, p. 419) es la delincuencia banal contra los bienes y las personas. Otros autores entienden que es la violencia que supera la común en la comisión de delitos contra las personas y los bienes.

Entendemos como violencia urbana en sentido amplio como la clase de violencia, llevada a cabo en grupo, en determinados escenarios de las ciudades, que es informada por ideas o sentimientos, política, social, cultural o económicamente subversivos, o antisistema, por actitudes de rebelión frente a situaciones inaceptables de «privación relativa», por reacciones a situaciones típicamente anómicas, por respuestas a estímulos discriminatorios o racistas, por hastío existencial o sin horizontes de futuro, por el sufrimiento de indiferencia social o de desprecio hacia los componentes del grupo de referencia (Herrero Herrero 2005, p. 59).

5. Daños y grafiti

El grafiti es un término moderno que se da a una manifestación artística existente desde los inicios de la humanidad y con continuidad hasta nuestros días.

La RAE lo define como «Firma, texto o composición pictórica realizados generalmente sin autorización en lugares públicos, sobre una pared y otra superficie resistente».

En la edad contemporánea, tiene un resurgimiento, como un medio alternativo de manifestación en la revuelta populista de Paris, durante los sonoros disturbios en mayo de 1968.

En la actualidad es una práctica extendida por todo el mundo, para sus detractores es un medio de contaminación visual que afecta el espacio común de las urbes (LABURU 2015, pp. 225-300).

Estas conductas se mueven entre la sanción administrativa y la condena penal, regulándose tanto en el Código Penal (arts. 263 y 323) como en ordenanzas municipales.

Desde el ámbito penal lo fundamental es constatación de si se han producido o no daños en el inmueble, ya que nuestro CP señala que «el que cause daños (...)».

➔ En los daños solo hay una «desposesión vacía», sin enriquecimiento correlativo del autor (Abadías Selma 2002, p. 371).

Dañar significa destruir o menoscabar la cosa, lo que implica necesariamente la desaparición o el deterioro físico del objeto (Gómez Rivero *et al.* 2019, p. 210).

A tenor del art. 263 CP:

> «1. El que causare daños en propiedad ajena no comprendidos en otros títulos de este Código, ..., atendidas la condición económica de la víctima y la cuantía del daño.
> Si la cuantía del daño causado no excediere de 400 euros, se impondrá (...)».

➔ **Acción punible:** son daños causados en propiedad ajena, pero no pueden estar recogidos en otros artículos del Código Penal y sí en leyes penales especiales.

- Los daños cometidos **en bienes propios no son considerados como delito**.
- Los daños han de superar los 400 €.
- El delito puede cometerse por **acción u omisión**.

➔ **Bien jurídico protegido**: en este delito se busca proteger la propiedad.

➔ **Elemento subjetivo**: aunque no concurra el ánimo de lucro entendemos que fundamentalmente se trata de un **delito doloso**, pues se buscará dañar, menos cavar, destruir, deteriorar o inutilizar.

➔ **Sujeto activo:** puede serlo cualquiera, excepto el propietario del bien. Se trata del sujeto causante de los daños en la propiedad ajena.

➔ **Sujeto pasivo**: es el propietario del bien que se ha dañado.

➔ **Consumación**: entendemos que la consumación del delito se producirá cuando haya un deterioro de la propiedad como cosa ajena, la destrucción, alteración o inutilización.

Lo que podría parecer que una pintada en un muro no deteriora ni destruye, tampoco le hace perder su finalidad, por lo que no debería considerarse un delito de daños. Sin embargo, el CP sí que contempla la posibilidad de que en algunos supuestos las pintadas puedan considerarse delito, cuando dichas pintadas se realicen sobre bienes de valor histórico, artístico, científico, cultural o monumental, así como en yacimientos arqueológicos (art. 323 CP).

Artículo 323 CP

> «1. Será castigado (...) el que cause daños en bienes de valor histórico, artístico, científico, cultural o monumental, o en yacimientos arqueológicos, terrestres o subacuáticos. Con la misma pena se castigarán los actos de expolio en estos últimos.

2. Si se hubieran causado daños de especial gravedad o que hubieran afectado a bienes cuyo valor histórico, artístico, científico, cultural o monumental fuera especialmente relevante, podrá (...).

3. En todos estos casos, los jueces o tribunales podrán ordenar, a cargo del autor del daño, la adopción de medidas encaminadas a restaurar, en lo posible, el bien dañado».

Audiencia Provincial de Barcelona (Sección 3.ª) Sentencia núm. 20/2020 de 20 enero

«(...) la Unidad de Investigación del Área de Seguridad del Transporte Metropolitano que investiga la problemática y repercusión social que existe con las bandas de grafiteros y los daños que estos generan en el transporte Metropolitano de Barcelona y que en su declaración manifestó reconocer sin ningún género de dudas a la persona que aparecía en las imágenes recogidas en el informe fotográfico, que esa afirmación la hace porque las imágenes son claras, por el hecho de que **el menor** ha sido denunciado en otras ocasiones, por haberle hecho seguimientos de otros actos vandálicos en los que ha participado e incluso asocia a su persona la firma (TAG en argot de los grafiteros) que es con la que rubrica sus obras».

En los ayuntamientos se recogen ordenanzas municipales sobre la prohibición de realizar cualquier pintada, escrito, inscripción y/o grafismo en cualesquiera bienes públicos o privados.

Tales actos están considerados infracciones administrativas graves, para lo que se establece en el régimen sancionador multas de diferentes cuantías en relación con el deterioro causado y al lugar en el que se realiza la infracción.

Para que se sancionen estas conductas dentro del ámbito administrativo, habría que estar siempre a la espera de lo que ocurra en la vía penal puesto que esta tiene preferencia.

Serán los padres responsables de solventar las responsabilidades civiles ocasionadas por lo menores, los gastos de representación procesal, las multas y las indemnizaciones a los propietarios de las paredes dañadas.

Art. 61 LORPM

«3. Cuando el responsable de los hechos cometidos sea **un menor de dieciocho años**, responderán solidariamente con él de los daños y perjuicios causados sus padres, tutores, acogedores y guardadores legales o de hecho, por este orden. Cuando éstos no hubieren favorecido la conducta del menor con dolo o negligencia grave, su responsabilidad podrá ser moderada por el Juez según los casos».

6. Referencias bibliográficas

Abadías Selma, A., *Derecho penal. Parte especial. Temas prácticos para su estudio*, 2.ª edición. Editorial Colex, A Coruña, 2022.

Chalom, M., «Sentiment de sécurité et police de proximité: un rendez -vous manqué», en *Revue Internationale de Criminologie et Police Technique et Scientifique*,1, 2001.

Cohen, A., «Delinquent boys: The culture of the gang», en *Free Press*, Glencoe-Illinois, 1955.

Cusson, M., «Violences dans les banlieues françaises: deux livres», en *Revue Internationale de Criminologie et Police technique et Scientifique,* n.º 4, 2001.

Gómez Rivero, Mª C., Nieto Martín, A., Cortés Bechiarelli, E. y **Núñez Castaño, E.**, *Nociones fundamentales de Derecho Penal. Parte especial.* Tecnos, Madrid, 2019.

Greenwood, P., *Diverting Children from a life of crime: measuring costs and benefits*, R.C., Sta. Mónica, 1996.

Herrero Herrero, C., *Delincuencia de menores tratamiento criminológico y jurídico*. Dykinson, Madrid, 2005.

Iglesias Machado, S., *Globalización, violencia juvenil y actuación de los poderes públicos*. Dykinson, Madrid, 2006.

Kube, E., «Le vandalisme in milieu urbain», en *Revue Internationale de Criminologie et Police Technique*, avril-juin, 1985.

Laburu, A., «Graffitis, sanción, condena penal o manifestación artística», en *RIIPAC*, n.º 5-6, 2015.

Jurisprudencia

- Sentencia del Tribunal Supremo de 11 de octubre de 1990.
- Sentencia del Tribunal Supremo de 26 de enero de 2009.
- Sentencia de la Audiencia Provincial de Segovia (Sección 1ª) núm. 9/2018 de 8 marzo.
- Sentencia de la Audiencia Provincial de Pontevedra 155/2019, 15 de Julio de 2019.
- Sentencia de la Audiencia Provincial de Sevilla núm. 486/2019, 14 de noviembre de 2019.
- Sentencia de la Audiencia Provincial de Barcelona (Sección 3ª) núm. 20/2020 de 20 enero.

Legislación

- Ley Orgánica 10/1995, de 23 de noviembre, del Código Penal.
- Ley Orgánica 5/2000, de 12 de enero, reguladora de la responsabilidad penal de los menores.

A fondo

RTVE. La guerra del graffiti.

Lucas fue sorprendido por la policía cuando iba a pintar un vagón de tren. El susto, el disgusto de sus padres, y también la multa que le impusieron hicieron que reflexionara sobre el lugar donde estaba haciendo sus pintadas. Hoy pinta comercios, domicilios e imparte talleres de graffiti a chavales con dificultades, al hacerlo «legal» me di cuenta de que algo que no reconocía nadie pasaba a darme prestigio social. Ahora puedo decirle a todo el mundo que soy graffitero, y me siento orgulloso. Más sanciones o aumentar las brigadas de limpieza no parece ser la solución, y ya hay lugares como Cheste, en Valencia, que ha cedido sus paredes para que los graffiteros se expresen libremente y lo han convertido en ruta turística.

Puedes visionar el documental desde la siguiente dirección web:

https://www.rtve.es/play/videos/repor/repor-guerra-del-graffiti/5493305/

Test

1. Los delitos callejeros:

a) Son delitos que en su mayoría han existido siempre.
b) No se está ante delitos específicamente unitarios.
c) Afectan a un solo bien social o jurídico.
d) A y B son verdaderas.

RESPUESTA: **La D, Son delitos que en su mayoría han existido siempre. En todo caso, no se está ante delitos específicamente unitarios, pues no hacen referencia a la lesión de un solo bien social o jurídico, sino ante ataques de bienes o valores múltiples, realizados de semejantes modos (HERRERO HERRERO 2005, p. 46).**

2. Las posibles motivaciones de los delitos callejeros son:

a) El *animus lucrandi*.
b) Ánimo libidinoso.
c) Todas son verdaderas.
d) Obviar oposiciones de terceras personas.

RESPUESTA: **La C, las posibles motivaciones de los delitos callejeros son; el ánimo de lucro, la satisfacción de la libido y obviar oposiciones de terceras personas.**

3. Podemos definir vandalismo al fenómeno que consiste en llevar a cabo comportamientos, dentro:

a) De un contexto urbano, orientados, de forma directa, a producir daños o estragos materiales de forma puramente gratuita, sobre todo con respecto a muebles o inmuebles de carácter público o al servicio del público.
b) De un contexto urbano, orientados, de forma indirecta, a producir daños o estragos materiales de forma puramente gratuita, sobre todo con respecto a muebles o inmuebles de carácter público o al servicio del público.
c) De un contexto urbano, orientados, de forma directa, a producir daños o estragos materiales de forma puramente gratuita, sobre todo con respecto a muebles o inmuebles de carácter privado o al servicio del público.

d) De un contexto rural, orientados, de forma directa, a producir daños o estragos materiales de forma puramente gratuita, sobre todo con respecto a muebles o inmuebles de carácter público o al servicio del público.

RESPUESTA: La A, podemos definir vandalismo al fenómeno que consiste en llevar a cabo comportamientos, dentro de un contexto urbano, orientados, de forma directa, a producir daños o estragos materiales de forma puramente gratuita, sobre todo con respecto a muebles o inmuebles de carácter público o al servicio del público.

4. La agresión material se produce, sin ningún tipo de miramientos, con el objetivo de apoderarse de bienes que se le antojan, es:

a) Vandalismo táctico.
b) Vandalismo ideológico.
c) Vandalismo adquisitivo.
d) Vandalismo lúdico.

RESPUESTA: La C, El vandalismo adquisitivo, la agresión material se produce, sin ningún tipo de miramientos, con el objetivo de apoderarse de bienes que se le antojan.

5. El que toma las formas de competición como modo de autoafirmarse ante sí y ante el grupo de iguales, es:

a) Vandalismo perverso.
b) Vandalismo ideológico.
c) Vandalismo adquisitivo.
d) Vandalismo lúdico.

RESPUESTA: La D, el vandalismo lúdico, que toma las formas de competición como modo de autoafirmarse ante sí y ante el grupo de iguales.

6. ELÍA ARMERO señala como origen de la violencia:

a) Las frustraciones provenientes de haber confundido bienestar con felicidad... y no pueden ser sinónimas dos palabras que tienen como finalidad cosas opuestas.
b) Las frustraciones provenientes de haber confundido bienestar con felicidad... y pueden ser sinónimas dos palabras que tienen como finalidad cosas afines.
c) Las satisfacciones provenientes de haber confundido bienestar con felicidad... y no pueden ser sinónimas dos palabras que tienen como finalidad cosas opuestas.

d) Las satisfacciones provenientes de haber confundido bienestar con felicidad... y pueden ser sinónimas dos palabras que tienen como finalidad cosas afines.

RESPUESTA: La A, señala como origen de la violencia, las frustraciones provenientes de haber confundido bienestar con felicidad... y no pueden ser sinónimas dos palabras que tienen como finalidad cosas opuestas.

7. El grafiti para sus detractores es:

a) Manifestación artística.
b) Contaminación medio ambiental.
c) Contaminación visual.
d) Composición pictórica.

RESPUESTA: La C, para sus detractores es un medio de contaminación visual que afecta el espacio común de las urbes.

8. Las conductas de los daños producidos por el grafiti se encuentran recogidas en los artículos ... del CP:

a) Art. 263 CP.
b) Art. 323 CP.
c) Art. 266 CP.
d) A y B son correctas.

RESPUESTA: La D, regulándose tanto en el Código Penal (arts. 263 y 323) como en ordenanzas municipales.

9. En los daños según ABADÍAS SELMA:

a) Hay una desposesión vacía, con enriquecimiento correlativo del autor.
b) Hay una desposesión vacía, sin enriquecimiento correlativo del autor.
c) Hay una desposesión vacía, con enriquecimiento del sujeto pasivo.
d) Todas son falsas.

RESPUESTA: La B, en los daños solo hay una «desposesión vacía, sin enriquecimiento correlativo del autor.

10. Cuando el responsable de los hechos cometidos sea un menor de dieciocho años:

a) Responderán mancomunadamente los padres.
b) Solo responderá el menor.

c) Todas son verdaderas.
d) Responderán solidariamente los padres.

RESPUESTA: **La D, art. 61 LORPM.**

TEMA IX.

ORGANIZACIONES, GRUPOS CRIMINALES Y MENORES

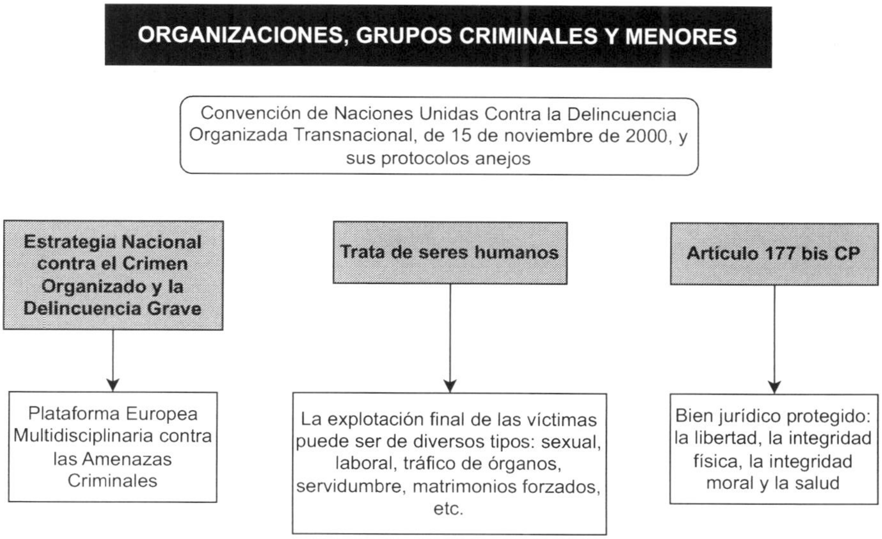

1. Introducción y objetivos

Tráfico de menores: víctimas y criminales

En Europa, miles de menores siguen siendo objeto de tráfico y explotación con el fin de generar beneficios para las redes delictivas, que representan más del 20 % de todas las víctimas identificadas de la trata según UNICEF.

Europol recibe cada vez más información sobre redes de tráfico que operan a través de los Estados miembros, aprovechando la vulnerabilidad de los niños, para explotarlos sexualmente o abusar a través de la explotación laboral.

Otros grupos criminales ponen víctimas en las calles para pedir dinero, las obligan a cometer varios tipos de delitos o las venden a través de redes de adopción ilegales.

Para saber más, accede a la siguiente dirección web:

https://notesdeseguretat.blog.gencat.cat/2018/12/10/trafico-de-menores-victimas-y-criminales/

Para poder profundizar en este tema se recomienda el uso de los siguientes materiales:

- Informe EUROPOL de las redes delictivas implicadas en la trata y explotación de víctimas menores de edad en la UE.
- Convención de Naciones Unidas Contra la Delincuencia Organizada Transnacional, de 15 de noviembre de 2000, y sus protocolos anejos.
- Ley Orgánica 5/2000, de 12 de enero, Reguladora de la responsabilidad penal de los menores. «BOE» núm. 11, de 13 de enero de 2000.

Los objetivos de aprendizaje de esta unidad son los siguientes:

- Diferenciar grupo criminal y organización criminal.
- Aproximación del concepto de trata de seres humanos.
- Conocer la tipología de la trata de personas.
- Estudiar las normas internacionales.
- Conocer las medidas de la UE en las diferentes modalidades delictivas de las organizaciones criminales.

2. Organización y grupo criminal

El fenómeno de la delincuencia organizada constituye el elemento vertebrador de la criminalidad grave del nuevo milenio, y su erradicación un auténtico desafío para los Estados Modernos.

La superación de las barreras de los territorios nacionales por parte de la criminalidad organizada no se aviene bien con un Derecho Penal anclado en los cánones propios del surgimiento de los Estados nacionales del siglo XVIII, en los que la legitimidad de los mismos se explicaba para dar seguridad a los propios ciudadanos frente a los «enemigos externos» y, cada estado poseía soberanía para decidir qué castigar, cómo castigar y a quién castigar.

Pero las múltiples manifestaciones criminales se modifican y reinventan con la evolución de los movimientos globales, la mejora de las comunicaciones y el desarrollo tecnológico (GIMÉNEZ-SALINAS FRAMIS 2012, p.7).

Junto con la internacionalización, la desaparición de las fronteras ha propiciado el fenómeno de la transnacionalización, o lo que es lo mismo, las relaciones entre grupos criminales de diversas nacionalidades con actividades delictivas heterogéneas, y por lo tanto no competitivos, que se articulan en redes corporativas con el objeto de prestarse ayuda mutua (GÓMEZ DE LIAÑO FONSECA-HERRERO 2006, p. 156).

Según la Orden PCI/161/2019, de 21 de febrero, por la que se publica el Acuerdo del Consejo de Seguridad Nacional, por el que se aprueba la Estrategia Nacional contra el Crimen Organizado y la Delincuencia Grave (p. 1704) cuando la delincuencia grave se desarrolla por una pluralidad de individuos que se conciertan de manera expresa para cometer sus actividades delictivas en amplios territorios, esta se convierte en delincuencia organizada.

A grandes rasgos, se considera delincuencia grave aquélla que afecta a los grandes derechos o bienes superiores del individuo (la vida, la libertad...), la que incide de manera intensa sobre los valores que sustentan la convivencia (propiedad, ética, creencias, etc.) o la que ataca a los ámbitos o aspectos socialmente más sensibles (libertad sexual, víctimas sensibles o vulnerables, como **los menores**, etc.) (MUÑOZ RUIZ 2021, p.35)

Las cifras revelan que aproximadamente el 75% de las grandes organizaciones criminales existentes en el mundo operan en España (Paíno Rodríguez 2018, p.12).

Pero si hay una localización que está acaparando toda la atención de los medios de comunicación por la agitada actividad de grupos organizados, es la Costa del Sol. El 2018 con una decena de muertes por violentos ajustes de cuentas relacionados con criminalidad organizada y narcotráfico (ORTEGA DOLZ y SÁNCHEZ 2018, p. 1).

España ha emprendido una especial cruzada contra el crimen organizado tramitando sucesivas reformas penales en la materia con una clara intención político-criminal: desmantelar las grandes organizaciones que operan a gran escala en el territorio y acabar con las pequeñas estructuras organizadas que en forma de grupo se profesionalizan en el crimen (MUÑOZ RUIZ 2021, p.39).

La Orden PCI/161/2019, de 21 de febrero, por la que se publica el Acuerdo del Consejo de Seguridad Nacional, por el que se aprueba la Estrategia Nacional contra el Crimen Organizado y la Delincuencia Grave. BOE núm. 46, de 22 de febrero de 2019, advierte que nos enfrentamos a nuevas amenazas y desafíos para la Seguridad Nacional derivados de los escenarios, algunos nuevos, que presentan el crimen organizado y la delincuencia grave.

La trascendencia del instrumento internacional propiciado por Naciones Unidas, la Convención de Palermo, y el alcance de la Decisión Marco de 2008, auspiciada por la Unión Europea, quedan patentes por constituir el indicador o base mínima común, que dio pie en España a la introducción de los delitos de organización (art. 570 bis) y grupo criminal (art. 570 ter) a través de la reforma llevada a cabo por la LO 5/2010, de 22 de junio. La última modificación es estos artículos fue realizada por la LO 1/2015, de 30 de marzo.

Organización criminal art. 570 bis del CP

«A los efectos de este Código se entiende por organización criminal la agrupación formada por más de dos personas con carácter estable o por tiempo indefinido, que de manera concertada y coordinada se repartan diversas tareas o funciones con el fin de cometer delitos».

Grupo criminal art. 570 ter del CP

«A los efectos de este Código se entiende por grupo criminal la unión de más de dos personas que, sin reunir alguna o algunas de las características de la organización criminal definida en el artículo anterior, tenga por finalidad o por objeto la perpetración concertada de delitos».

Distinción entre los supuestos de organización y grupo criminal y los de simple codelincuencia.

«(...) la diferenciación del grupo criminal y de la organización criminal con los supuestos de codelincuencia la jurisprudencia de la Sala es constante. La mera pluralidad de personas aún con una cierta —y obvia— planificación para la comisión de un ilícito penal, no constituye una organización criminal ni menos un grupo. La codelincuencia viene a ser un simple consorcio ocasional para la comisión de un delito en tanto que tanto la organización criminal como el grupo criminal constituye un aliud en relación a la codelincuencia, sin perjuicio de recordar, a su vez, las diferencias entre la organización y el grupo a las que ya se ha hecho referencia (STS128/2015, 25 de febrero de 2015)».

3. Concepto internacional de trata de personas

Existe un consenso internacional sobre el concepto de trata de personas marcado por la Convención de Naciones Unidas Contra la Delincuencia Organizada Trasnacional, de 15 de noviembre de 2000, y sus protocolos anejos.

Concretamente, el artículo 3 de dicho Protocolo establece que:

«(...) por trata de personas se entenderá la captación, el transporte, el traslado, la acogida o la recepción de personas, recurriendo a la amenaza o al uso de la fuerza u otras formas de coacción; al rapto, al fraude, al engaño, al abuso de poder o de una situación de vulnerabilidad o a la concesión o recepción de pagos o beneficios para obtener el consentimiento de una persona que tenga autoridad sobre otra, con fines de explotación. Esta explotación incluirá, como mínimo, la explotación de la prostitución ajena y otras formas de explotación sexual, los trabajos o servicios forzados, la esclavitud o las prácticas análogas a la esclavitud, la servidumbre o la extracción de órganos».

Esta definición incorpora tres elementos esenciales (VILLACAMPA ESTIARTE 2010):

➔ **La acción**: un comportamiento objetivo consistente en captar, transportar, trasladar, acoger o recibir personas.

➔ **Los medios empleados**: a través de amenazas, uso de la fuerza o coacción, rapto, fraude, engaño, abuso de poder o de la situación de vulnerabilidad o recepción de pagos o beneficios a una persona que tenga autoridad sobre la víctima.

➔ **La finalidad**: que consiste en la explotación de la víctima, que es absolutamente necesaria y el principal objetivo del proceso al completo y la actividad que permitirá el principal beneficio económico.

La explotación final de las víctimas puede ser de diversos tipos: sexual, laboral, tráfico de órganos, servidumbre, matrimonios forzados, etc. Este hecho obliga analizar cada uno de estos tipos de modo diferente. No es lo mismo la explotación sexual, donde los dueños de clubes de alterne tienen un protagonismo esencial, que la explotación laboral donde participan empresarios de otros sectores económicos como el textil, agrícola, etc. (GIMÉNEZ-SALINAS FRAMIS 2019, p. 29).

La reforma del CP del 2010 incorporó el título VII, denominado «De la trata de seres humanos» con un único precepto, el 177 bis.

Este delito quedó tipificado con anterioridad a la Directiva 2011/36/UE, de 5 abril de 2011, relativa a la prevención y lucha contra la trata de seres humanos y a la protección de las víctimas y por la que se sustituye la Decisión marco 2002/629/JAI del Consejo de Europa.

Había varias cuestiones que no fueron reflejadas en la redacción actual y que era necesario retocar para transponer la normativa europea. Es por ello por lo que la reforma de la LO 1/15 de 30 de marzo, retoca el precepto. La última modificación se ha producido con la Ley Orgánica 8/2021, de 4 de junio.

4. Trata de seres humanos y el Código Penal

Según el **artículo 177 bis CP**:

> «1. Será castigado con la pena de cinco a ocho años de prisión como reo de trata de seres humanos el que, sea en territorio español, sea desde España, en tránsito o con destino a ella, empleando violencia, intimidación o engaño, o abusando de una situación de superioridad o de necesidad o de vulnerabilidad de la víctima nacional o extranjera, o mediante la entrega o recepción de pagos o beneficios para lograr el consentimiento de la persona que poseyera el control sobre la víctima, la captare, transportare, trasladare, acogiere, o recibiere, incluido el intercambio o transferencia de control sobre esas personas, con cualquiera de las finalidades siguientes:
>
> a) La imposición de trabajo o de servicios forzados, la esclavitud o prácticas similares a la esclavitud, a la servidumbre o a la mendicidad.
>
> b) La explotación sexual, incluyendo la pornografía.
>
> c) La explotación para realizar actividades delictivas.
>
> d) La extracción de sus órganos corporales.
>
> e) La celebración de matrimonios forzados».

➔ Trabajo o servicios forzados.

El art. 2.1 del Convenio número 29 de la Organización Internacional de Trabajo Forzoso de 1930 define el trabajo o servicio forzoso u obligatorio como el que es exigido a un individuo bajo la amenaza de una pena cualquiera y para el cual dicho individuo no se ofrece voluntario.

→ **La esclavitud**.

El Consejo de Derechos Humanos dice que hay más de doce millones de esclavos en el mundo.

Entendemos esclavitud en el terreno laboral de acuerdo con la Decisión Marco 2002/629/JAI como el **sometimiento incondicional** de una persona a otra que la explota desde el punto de vista económico como **una simple mercancía**.

En el CP en su art. 607 bis, 2, 10.º recoge el concepto: «Por esclavitud se entenderá la situación de la persona sobre la que otro ejerce, incluso de hecho, todos o algunos de los atributos del derecho de propiedad, como comprarla, venderla, prestarla o darla en trueque».

→ **Prácticas similares a la esclavitud o la servidumbre**.

La Sección III de la Convención de 1956 se ocupa de las «Disposiciones comunes a la esclavitud y a las instituciones y prácticas análogas a la esclavitud», cuestión que resulta muy compleja (SERRANO GÓMEZ *et. al* 2021, p.155).

El Diccionario de la Real Academia define servidumbre como: «trabajo o ejercicio propio del siervo», «estado o condición de siervo», «sujeción grave u obligación inexcusable de hacer algo». Mientras que la acepción siervo equivale a «esclavo de un señor».

→ **La mendicidad**.

Constituye una forma de trabajo o servicio forzoso según la definición del Convenio n.º 29 de la Organización Internacional del Trabajo.

Mendicidad organizada

«La embajada rumana en España reconoce que estas mujeres se ven inmersas en un «tráfico de personas que resulta ser un negocio para algunos». Son redes que ayudan a viajar y a las que ellas aceptan sumarse con el único objetivo de sobrevivir.

Un asunto, éste, tras el que se esconden redes rumanas de aire mafioso que reclutan en su país a **jóvenes, menores y tullidos**, a los que hacen pagar 500 euros a cambio de la garantía de introducirlos —en autocar— en el espacio Schengen de la Unión Europea —Tratado este de Schengen que, en enero de este año, abrió las puertas a los ciudadanos rumanos eximiéndoles de la obligatoriedad del visado para viajar a los países de la Unión Europea—, por el que **se lanzan a mendigar**, convirtiendo pedir en la calle en una industria de la que apenas se sabe nada. La concepción tribal de las relaciones humanas por parte de los reclutados, su nomadismo radical, la aceptación voluntaria del modelo de vida y las lagunas legales propician el desconocimiento de los entresijos de su "trabajo" y el enquistamiento de un fenómeno que sus propios protagonistas no comprenden que represente un problema para la sociedad europea. "Cuando nosotros hablamos de escolarizar a un niño de 10 o 12 años que anda limpiando parabrisas en un semáforo, sus padres nos miran desconcertados. Para ellos es un adulto en edad de trabajar o pedir y que repite los mismos patrones que sus padres o sus abuelos. Y cuando se trata de los de 15 o 16 años, entonces su incomprensión es total" comenta un especialista en asuntos sociales del Ayuntamiento de Barcelona, cuyas palabras coinciden con el análisis que brinda el Defensor del Menor de la comunidad de Madrid, donde hay más nomadismo rumano» (CANTÓ MUNIENTE, 2005).

→ **Explotación sexual, incluida la pornografía**.

El art. 186 del Código penal castiga la venta, difusión o exhibición de material pornográfico entre menores de edad o persona con discapacidad necesitada de especial protección. El art. 189 también se ocupa de la pornografía y su explotación. Por pornográfico hay que entender la producción literaria o artística de contenido lúbrico u obsceno que pretende reproducir vivencias reales en los sujetos que tienen acceso a la misma.

En cuanto a la explotación sexual comprenderá todos los supuestos tipificados en el título VIII siempre que se lleve a cabo empleando violencia, intimidación, etcétera.

➔ **Explotación para realizar actividades delictivas.**

Según el Considerando 11 de la Directiva 2001/36 UE, debe entenderse como la explotación de una persona para que cometa, por ejemplo, carterismo, hurtos y otras actividades similares que están castigadas con penas e implican unas ganancias económicas.

➔ **Extracción de órganos corporales.**

Puede plantearse concurso con los supuestos previstos en el art. 149 (pérdida o inutilidad de un órgano o miembro principal) o con el art. 150 (pérdida o inutilidad de un órgano o miembro no principal). En el primer supuesto la pena establecida en el Código es prisión de seis a 12 años y en el segundo de tres a seis años (Serrano Gómez *et. al* 2021, p. 156).

➔ **Celebración de matrimonios forzados.**

Estamos ante matrimonios sin consentimiento de la víctima.

➔ **Acción punible**: el delito se ha de cometer empleando violencia, intimidación o engaño, o abusando de una situación de superioridad o de necesidad o de vulnerabilidad (Abadías Selma 2022, p.153).

La trata constituye el delito antecedente respecto de aquellos que pudieran perseguir situaciones de dominación o explotación —prostitución coactiva, explotación laboral, tráfico de órganos, etc.— que puede implicar la aparición de otro delito posterior distinto (Abadías Selma 2022, p.154)

➔ **Sujeto activo**: puede serlo cualquiera.

Es un **delito común**, pues puede ser sujeto activo cualquiera. Tanto la Decisión marco como la Directiva de 2011 (art. 3) hacen referencia expresa a la conveniencia de que sea castigado en este delito no solo el autor, en sentido estricto, esto es, aquel que ejecuta directa y materialmente el delito, teniendo el dominio del hecho, sino también el **inductor** (el que instiga y determina a otro a cometer un delito, haciendo surgir en él la idea criminal) y el **cómplice** (entendiendo por tal aquel que coopera a la ejecución del hecho con actos anteriores o simultáneos de carácter no necesario o sustituibles). (Abadías Selma 2022, p. 155).

Nada dice la Decisión marco sobre la figura del **cooperador necesario** (entendido como aquel que colabora con el autor con una contribución necesaria o difícilmente sustituible), equiparado al autor, en ordenamientos penales como el Código Penal español (art. 28), por lo que **habrá que entender también incluida en la citada recomendación de punición al cooperador necesario,** sobre todo porque su contribución reviste una mayor gravedad que la complicidad, caracterizada por ser, precisamente, una cooperación no necesaria.

➔ **Sujeto pasivo**: puede serlo cualquiera, nacional o extranjero, a diferencia de la inmigración clandestina del art. 318 bis CP.

Destaca, en un porcentaje significativamente elevado, el número de víctimas mujeres, con relación al de hombres, sobre todo cuando se trata de explotación sexual y, según la actividad económica, también en la laboral.

➜ **Penalidad**: de cinco a ocho años de prisión.

➜ **Bien jurídico protegido**: la libertad, la integridad física, la integridad moral y la salud.

Rubio Lara y Pérez Albaladejo (2016) indican que el tipo penal del artículo 177. bis CP protege un bien jurídico doble compuesto por la **dignidad** —que se protegería de forma directa— y la **libertad** —que se protegería de forma indirecta— de los sujetos pasivos que sufren la trata de seres humanos.

➜ **Formas de ejecución**: la consumación se producirá cuando se produzca la conducta tipificada de captar, transportar, etc. con la finalidad prevista en los apartados a, b, c, d y e. El delito **se consuma sin necesidad de que los tratantes hayan logrado el efectivo cumplimiento de sus propósitos** (Mayordomo Rodrigo, 2013).

Puede configurarse como un tipo de resultado cortado o mutilado en dos actos según que sea el mismo u otro sujeto quien vaya a realizar las finalidades de explotación indicadas en el delito (MIR PUIG, 2008).

➜ **Concurso de delitos**: si *a posteriori* se comete alguna de las acciones a, b, c, d y e habrá concurso.

El Tribunal Supremo, en acuerdo de 31 de mayo de 2016, dictaminó que el delito de trata de seres humanos previsto y penado en el artículo 177 bis del Código Penal obliga a **sancionar tantos delitos como víctimas**, con arreglo a las normas que regulan el **concurso real** (STS 538/2016, de 17 de junio).

5. Trata de seres humanos y menores de edad

Según el **art. 177 bis 2 CP**:

> «2. Aun cuando no se recurra a ninguno de los medios enunciados en el apartado anterior, se considerará trata de seres humanos cualquiera de las acciones indicadas en el apartado anterior cuando se llevare a cabo respecto de menores de edad con fines de explotación».

El sujeto pasivo son los **menores de dieciocho años**, y el objetivo es la **explotación**. Según Serrano Gómez y Serrano Maíllo (2016) el término «explotación» es impreciso y puede generar inseguridad jurídica.

Pues **explotar** según el Diccionario de la Real Academia es «utilizar en provecho propio, por lo general de un modo abusivo, las cualidades o sentimientos de una persona».

Deben tenerse en cuenta las previsiones contenidas en la Ley 26/2015, de 28 de julio, de modificación del sistema de protección a la infancia y a la adolescencia que, entre otras medidas, consagra en el art 13.4 el deber que recae sobre todas las personas que tuvieran noticia de un hecho que pudiera constituir un delito contra la libertad e indemnidad sexual, de trata de seres humanos o de explotación de menores, de ponerlo en conocimiento del Ministerio Fiscal (Gómez Rivero *et. al* 2019, p. 254).

➔ Disposiciones comunes del art. 177 bis del CP.

Supuestos agravados

Art. 177 bis 4 CP

«Se impondrá la pena superior en grado a la prevista en el apartado primero de este artículo cuando:

a) se hubiera puesto en peligro la vida o la integridad física o psíquica de las personas objeto del delito;

b) la víctima sea especialmente vulnerable por razón de enfermedad, estado gestacional, discapacidad o situación personal, o sea menor de edad.

Si concurriere más de una circunstancia se impondrá la pena en su mitad superior».

Tribunal Supremo, Sala Segunda, de lo Penal, Sentencia 132/2018 de 20 Mar. 2018, Rec. 10446/2017

«Aprovechándose los acusados de una discusión que tiene **la menor** con su madre, de la confianza generada y de la juventud e inexperiencia de la misma, pasan esas navidades con ella y, durante ese tiempo, tanto Miguel como Patricia la convencen para irse con ellos a España prometiéndole que la acogerían en su domicilio y que allí le encontrarían un trabajo como limpiadora o camarera, todo ello, le dicen, con el fin de procurarse una vida mejor.

La menor cree en el ofrecimiento de los acusados y acepta irse con ellos a España para lo cual Miguel organiza el transporte de Fermina. Para ello y toda vez que Fermina era menor de edad y no contaba con permiso paterno, organizó su traslado en carretera hacia España mediante intermediarios que la llevaron oculta en microbuses hasta su llegada a Madrid (...).

(...) al poco de llegar, Miguel y Patricia le indican que **tiene que prostituirse** para sufragar los gastos ocasionados por su traslado informándole de que ese iba a ser su verdadero destino.

(...) Al negarse Fermina a ello Miguel **la golpea** y le dice si no hace lo que le ordena no saldría jamás de allí (...)».

El art. 25 CP se define lo que se entiende por discapacidad y persona con discapacidad:

«A los efectos de este Código se entiende **por discapacidad** aquella situación en que se encuentra una persona con deficiencias físicas, mentales, intelectuales o sensoriales de carácter permanente que, al interactuar con diversas barreras, puedan limitar o impedir su participación plena y efectiva en la sociedad, en igualdad de condiciones con las demás.

Asimismo, a los efectos de este Código, se entenderá por persona **con discapacidad** necesitada de especial protección a aquella persona que, tenga o no judicialmente modificada su capacidad de obrar, requiera de asistencia o apoyo para el ejercicio de su capacidad jurídica y para la toma de decisiones respecto de su persona, de sus derechos o intereses a causa de sus deficiencias intelectuales o mentales de carácter permanente».

Delito cometido por autoridad, agente de la misma o funcionario público.

«177 bis. 5. Se impondrá la pena superior en grado a la prevista en el apartado 1 de este artículo e inhabilitación absoluta de seis a doce años a los que realicen los hechos prevaliéndose de su condición de autoridad, agente de esta o funcionario público. Si concurriere además alguna de las circunstancias previstas en el apartado 4 de este artículo se impondrán las penas en su mitad superior».

El art. 24 del CP da un concepto de autoridad y funcionario público.

➔ Cuando el culpable perteneciera a una organización o asociación de más de dos personas.

Según el art. 177 bis 6 CP, se impondrá la pena superior en grado a la prevista en el tipo básico e inhabilitación especial para profesión, oficio, industria o comercio por el tiempo de la condena. Incluso si la pertinencia es de carácter transitorio y se dedicase a la realización de tales actividades. Y según el art. 177 bis 6 *in fine*:

> «Cuando se trate de los jefes, administradores o encargados de dichas organizaciones o asociaciones, se les aplicará la pena en su mitad superior, que podrá elevarse a la inmediatamente superior en grado. En todo caso se elevará la pena a la inmediatamente superior en grado si concurriera alguna de las circunstancias previstas en el apartado 4 o la circunstancia prevista en el apartado 5 de este artículo».

En opinión de SERRANO GÓMEZ *et. al* (2021, p.158), las penas son excesivas.

➔ Responsabilidad de las personas jurídicas.

> «7. Cuando de acuerdo con lo establecido en el artículo 31 bis una persona jurídica sea responsable de los delitos comprendidos en este artículo, se le impondrá la pena de multa del triple al quíntuple del beneficio obtenido. Atendidas las reglas establecidas en el artículo 66 bis, los jueces y tribunales podrán asimismo imponer las penas recogidas en las letras b) a g) del apartado 7 del artículo 33».

➔ Excusa absolutoria para las víctimas.

Según el **art. 177 bis 11 CP**:

> «Sin perjuicio de la aplicación de las reglas generales de este Código, la víctima de trata de seres humanos quedará exenta de pena por las infracciones penales que haya cometido en la situación de explotación sufrida, siempre que su participación en ellas haya sido consecuencia directa de la situación de violencia, intimidación, engaño o abuso a que haya sido sometida y que exista una adecuada proporcionalidad entre dicha situación y el hecho criminal realizado».

Señala la Circular de la Fiscalía del Estado 5/2011 que, concurriendo los requisitos exigidos en el precepto, este no excluye en principio a ningún delito que la víctima pudiera haber cometido, ni siquiera el propio art. 177 bis CP. Será este el caso en que las propias víctimas de la trata sean compelidas por los tratantes a colaborar con ellos directamente en cualquiera de las conductas alternativas típicas o, incluso, en la explotación efectiva (GÓMEZ RIVERO *et. al* 2019, p. 255).

La exención de la pena se condiciona a la comprobación de **dos requisitos**:

- La primera, que su participación haya sido **consecuencia directa** de la situación de violencia, intimidación, engaño o abuso a que haya estado sometida.
- La segunda, que exista una **adecuada proporcionalidad** entre dicha situación y el hecho criminal cometido.

La Sentencia de 2 de noviembre de 2021 del Tribunal Superior de Justicia de Cataluña supone un innegable avance en la protección de las víctimas de trata de seres humanos. La sentencia se presenta como un reconocimiento de la trata para explotación para delinquir e identifica la oportunidad y conveniencia de la aplicación de la exención de pena contenida en el art. 177 bis 11 CP confirmando todos sus requisitos (VALLE MARISCAL DE GANTE 2022).

Sentencia del Tribunal Superior de Justicia de Cataluña de 2 noviembre 2021

> «"La acusada fue captada por una organización dedicada al tráfico internacional de drogas que se aprovechó de su situación de extrema vulnerabilidad. En el momento de pro-

ducirse los hechos era madre de un bebé de cuatro meses nacido de forma prematura tras siete meses de embarazo, residía en un barracón de zinc en uno de los arrabales de Lima junto a su madre, dos hermanos y otras dos personas, siendo los únicos y escasos ingresos los que aporta la madre. Tal situación de pobreza y necesidad le llevó insertar anuncios solicitando trabajo de forma urgente. A través de los mismos fue contactada por la organización que le ofreció la cantidad de 4.000 euros a cambio del transporte de la sustancia. Le facilitaron la obtención del pasaporte y el billete de avión. Después de suministrarle medicación para facilitar la ingesta y el mantenimiento de las 'bolas' en el interior de su cuerpo, éstas fueron ingeridas en presencia de quienes la habían captado, transportándola al aeropuerto y diciéndole que a la llegada del de destino la estaría esperando una persona."

Dicha sentencia contiene el siguiente fallo: "Que debemos absolver y absolvemos a Marcelina del delito contra la salud pública del que venía siendo acusada en la presente causa, con todos los pronunciamientos favorables, levantamiento de todas las medidas cautelares acordadas en su contra y declaración de oficio de las costas causadas"».

➜ El consentimiento por mucho que se dé es nulo, pues estará viciado por la existencia de violencia, intimidación o engaño, o abusando de una situación de superioridad, de necesidad o de vulnerabilidad (Abadías Selma 2022, p.154)

6. Plataforma Europea Multidisciplinar contra las Amenazas Criminales

EMPACT son las siglas de la Plataforma Europea Multidisciplinaria contra las Amenazas Criminales. Introduce un enfoque integrado de la seguridad interior de la UE, que incluye medidas que van desde los controles en las fronteras exteriores, la cooperación policial, aduanera y judicial hasta la gestión de la información, la innovación, la formación, la prevención y la dimensión exterior de la seguridad interior, así como las asociaciones público-privadas cuando proceda.

EMPACT tiene una metodología clara para establecer, implementar y evaluar prioridades en la lucha contra la delincuencia internacional organizada y grave.

Prioridad	Objetivo(s)
Redes delictivas de alto riesgo	Identificar y desarticular las redes delictivas de alto riesgo activas en la UE, como las organizaciones mafiosas, étnicas y familiares y otras redes estructuradas, y las personas con funciones críticas en estas redes, haciendo especial hincapié en las redes delictivas que socavan el Estado de Derecho mediante el uso de la corrupción, las que cometen actos de violencia, incluida la intimidación, y el uso de armas de fuego para promover sus objetivos delictivos, y aquellos que lavan sus ganancias criminales a través de un sistema financiero subterráneo paralelo.
Trata de seres humanos	Desarticular las redes delictivas dedicadas a la trata de seres humanos para todas las formas de explotación, incluida la explotación laboral y sexual, y con especial atención a quienes explotan a menores para la delincuencia forzada; aquellos que utilizan o amenazan con violencia contra las víctimas y sus familias, o engañan a las víctimas simulando oficializar la explotación; aquellos que reclutan y anuncian víctimas en línea, y que son atendidos por corredores que brindan servicios digitales.

Delincuencia organizada contra la propiedad	Desarticular las redes delictivas implicadas en robos organizados y hurtos, robos organizados, delitos relacionados con vehículos de motor y comercio ilegal de bienes culturales, prestando especial atención a aquellos que son altamente móviles y operan en toda la UE.

Fuente: https://www.europol.europa.eu/crime-areas-and-statistics/empact

7. Referencias bibliográficas

Abadías Selma, A., *Derecho penal. Parte especial. Temas prácticos para su estudio*, 2.ª edición, Editorial Colex, A Coruña, 2022.

Cantó Muniente, P., «La mendicidad de menores: su regulación en el ámbito penal», en *Actualidad jurídica Aranzadi*, n.º 654, 2005.

Circular 2/2015 de la Fiscalía General del Estado., *Delitos de pornografía infantil tras la reforma operada por la LO 1/2015*. JUR 2015\166843.

Giménez-Salinas Framis, A., «Introducción», en *Lucha contra el crimen organizado*, Ministerio de Defensa, 2012, p. 7. Disponible en: http://publicacionesoficiales.boe.es/

Giménez-Salinas Framis, A., «La trata de personas como mercado ilícito del crimen organizado: factores explicativos y características», en *La tutela de la víctima de trata: una perspectiva penal, procesal e internacional*, Santos Martín Ostos, J. (dir.) Martín Ríos, P. (coord.) Bosch, Madrid, 2019.

Gómez de Liaño Fonseca-Herrero, M., «El principio de reconocimiento mutuo como fundamento de la cooperación judicial penal y sus efectos en los estados miembros», en *Revista de Derecho de la Unión Europea*, n.º 10, 2006, p. 156.

Gómez Rivero, Mª C., Nieto Martín, A., Cortés Bechiarelli, E. y **Núñez Castaño, E.**, *Nociones fundamentales de Derecho Penal. Parte especial*. Tecnos, Madrid, 2019.

Mayordomo Rodrigo, V., «Cuestiones concursales entre el delito de trata de seres humanos y la prostitución coactiva», en *Estudios sobre la lucha contra la trata de seres humanos*. Coediciones-Aranzadi, 2013.

Mir Puig, S., *Derecho penal. Parte general*. Barcelona, Reppertor, 2008.

Muñoz Ruiz, J., *Respuesta jurídico-penal al crimen organizado*, Tirant lo Blanch, Valencia, 2021.

Paíno Rodríguez, F. J., *Una aproximación a la delincuencia organizada*, Servicio Publicaciones Facultad Derecho. Universidad Complutense, Madrid, 2018.

Ortega Dolz, P. y **Sánchez, N.**, «El congreso del narco en la Costa del Sol», en *EL PAÍS*, diciembre, 2018, p. 1. Disponible en: https://elpais.com/politica/2018/12/01/actualidad/1543683110_973556.html.

Rubio Lara, P. Á. y **Pérez Albaladejo, M.**, «Delito de trata de seres humanos a la luz del derecho internacional y su influencia en la legislación española», en *Revista Aranzadi Doctrinal*, 5. Parte Estudios, 2016.

Serrano Gómez, A. y **Serrano Maíllo, A.**, *Curso de derecho penal parte especial*. Madrid, Dykinson, 2016.

Serrano Gómez, A., **Serrano Maíllo, A.**, **Serrano Tárraga, D.** y **Vázquez González, C.**, *Curso Derecho Penal. Parte Especial*. Dykinson. S.L., Madrid, 2021.

Valle Mariscal de Gante, M., «La sentencia de 2 de noviembre de 2021 del Tribunal Superior de Justicia de Cataluña: un importante paso hacia adelante en la protección de las víctimas de trata», en *Diario La Ley*, n.º 9986, Sección Tribuna, 2022.

Villacampa Estiarte, C., «El delito de trata de personas: análisis del nuevo artículo 177 bis CP desde la óptica del cumplimiento de compromisos internacionales de incriminación», en *AFDUDC* n.º 14, pp. 819-865, 2010.

Jurisprudencia

- Tribunal Supremo acuerdo de 31 de mayo de 2016.
- Sentencia del Tribunal Supremo n.º 538/2016, de 17 de junio de 2016.
- Sentencia del Tribunal Supremo, Sala Segunda, de lo Penal n.º 132/2018 de 20 marzo 2018, Rec. 10446/2017.
- Sentencia del Tribunal Superior de Justicia de Cataluña de 2 noviembre 2021, JUR 2021\344742.

Legislación

Internacional

- C029 - Convenio sobre el trabajo forzoso, 1930.
- Convención de Naciones Unidas Contra la Delincuencia Organizada Transnacional, de 15 de noviembre de 2000, y sus protocolos anejos.

Europea

- Decisión Marco 2008/909/JAI del Consejo, de 27 de noviembre de 2008, relativa a la aplicación del principio de reconocimiento mutuo de sentencias en materia penal por las que se imponen penas u otras medidas privativas de libertad a efectos de su ejecución en la Unión Europea. «DOUE» núm. 327, de 5 de diciembre de 2008.
- Directiva 2011/36/UE, de 5 abril de 2011, relativa a la prevención y lucha contra la trata de seres humanos y a la protección de las víctimas y por la que se sustituye la Decisión marco 2002/629/JAI del Consejo de Europa.

Española

- Ley Orgánica 10/1995, de 23 de noviembre, del Código Penal.
- Ley Orgánica 5/2000, de 12 de enero, Reguladora de la responsabilidad penal de los menores. «BOE» núm. 11, de 13 de enero de 2000.
- Ley Orgánica 8/2021, de 4 de junio, de protección integral a la infancia y la adolescencia frente a la violencia. «BOE» núm. 134, de 5 de junio de 2021.
- Ley 26/2015, de 28 de julio, de modificación del sistema de protección a la infancia y a la adolescencia.
- Orden PCI/161/2019, de 21 de febrero, por la que se publica el Acuerdo del Consejo de Seguridad Nacional, por el que se aprueba la Estrategia Nacional contra el Crimen Organizado y la Delincuencia Grave. «BOE» núm. 46, de 22 de febrero de 2019.

A fondo

EUROPOL.

Europol coordinó la policía nacional, las unidades de información sobre pasajeros, los guardias de fronteras y las agencias nacionales de lucha contra la trata de seres humanos.

Esto llevó a las fuerzas del orden a identificar a 593 adultos y **57 menores** como posibles víctimas de la trata de personas, que incluían a ciudadanos de países de cuatro continentes.

Para saber más, accede a la siguiente dirección web:

https://www.europol.europa.eu/media-press/newsroom/news/human-traffickers-grounded-in-29-country-sweep-of-european-airports-and-roads

Naciones Unidas. Se triplica el número de niños y niñas entre las víctimas de trata de personas a nivel mundial.

Las niñas son explotadas principalmente con fines sexuales, mientras que los niños lo son para trabajos forzados. América Latina es una de las regiones con mayor cantidad de niñas y mujeres víctimas de la trata, que a veces también incluye mendicidad, matrimonios forzados, actividades delictivas y hasta extracción de órganos.

Para saber más, accede a la siguiente dirección web:

https://news.un.org/es/story/2021/02/1487422

Matrimonios forzados en Cataluña: así logran evitarlos las jóvenes musulmanas.

En Cataluña habitan más de medio millón de musulmanes. Desde 2010, los mossos han conseguido evitar que 127 niñas y jóvenes sean trasladadas a sus países de origen para contraer matrimonio de manera forzada. En este reportaje Nirma y Narwa cuentan su experiencia.

Para ver el video accede a la siguiente dirección web:

https://www.telecinco.es/elprogramadeanarosa/matrimonios-forzados-cataluna-musulmanes_2_2749980049.html

Test

1. La superación de las barreras de los territorios nacionales por parte de la criminalidad organizada:

a) Se aviene bien con un Derecho Penal anclado en los cánones propios del surgimiento de los Estados nacionales del siglo XVIII.
b) Se aviene bien con un Derecho Penal anclado en los cánones propios del surgimiento de los Estados nacionales del siglo XVI.
c) No se aviene bien con un Derecho Penal anclado en los cánones propios del surgimiento de los Estados nacionales del siglo XVIII.
d) No se aviene bien con un Derecho Penal anclado en los cánones propios del surgimiento de los Estados nacionales del siglo XVI.

RESPUESTA: **La C, la superación de las barreras de los territorios nacionales por parte de la criminalidad organizada no se aviene bien con un Derecho Penal anclado en los cánones propios del surgimiento de los Estados nacionales del siglo XVIII.**

2. Se considera delincuencia grave aquélla que afecta:

a) Afecta a los grandes derechos o bienes superiores del individuo.
b) La que incide de manera intensa sobre los valores que sustentan la convivencia.
c) Todas son correctas.
d) La que ataca a los ámbitos o aspectos socialmente más sensibles.

RESPUESTA: **La C, se considera delincuencia grave aquélla que afecta a los grandes derechos o bienes superiores del individuo (la vida, la libertad...), la que incide de manera intensa sobre los valores que sustentan la convivencia (propiedad, ética, creencias, etc.) o la que ataca a los ámbitos o aspectos socialmente más sensibles (libertad sexual, víctimas sensibles o vulnerables, como los menores, etc.)** (Muñoz Ruiz 2021, p.35)

3. En España si hay una localización que está acaparando toda la atención de los medios de comunicación por la agitada actividad de grupos organizados, es:

a) La Costa del Sol.
b) La Costa Blanca.
c) La Costa Brava.
d) La Costa Azahar.

RESPUESTA: **La A, si hay una localización que está acaparando toda la atención de los medios de comunicación por la agitada actividad de grupos organizados, es la Costa del Sol.**

4. A los efectos del Código Penal se entiende por grupo criminal:

a) La unión de más de tres personas.
b) La unión de más de dos personas.
c) La unión de más de cuatro personas.
d) La unión de cuatro personas.

RESPUESTA: La B, a los efectos de este Código se entiende por grupo criminal la unión de más de dos personas.

5. Según VILLACAMPA ESTIARTE los elementos esenciales sobre el concepto de trata de personas marcado por la Convención de Naciones Unidas Contra la Delincuencia Organizada Trasnacional, de 15 de noviembre de 2000, y sus protocolos anejos, son:

a) La acción, el transporte y el recibir.
b) El fraude, el uso de la fuerza y la vulnerabilidad.
c) La explotación de la víctima, el objetivo y el beneficio económico.
d) La acción, los medios empleados y la finalidad.

RESPUESTA: La D, según VILLACAMPA ESTIARTE los elementos esenciales son la acción, los medios empleados y la finalidad.

6. La incorporación en el título VII de la trata de seres humanos con un único precepto fue gracias a:

a) La reforma del 2015.
b) La reforma del 2011.
c) La reforma del 2010.
d) La reforma del 2013.

RESPUESTA: La C, la reforma del CP del 2010 incorporó el título VII, denominado «De la trata de seres humanos» con un único precepto, el 177 bis.

7. El art. 2.1 del Convenio sobre el trabajo forzoso de 1930 define el trabajo o servicio forzoso u obligatorio como:

a) El que es exigido a un individuo bajo la amenaza de una pena especifica y para el cual dicho individuo no se ofrece voluntario.
b) El que es exigido a un individuo bajo la amenaza de una pena cualquiera y para el cual dicho individuo se ofrece voluntario.
c) El que es exigido a un individuo bajo la amenaza de una compensación pecuniaria y para el cual dicho individuo no se ofrece voluntario.

d) El que es exigido a un individuo bajo la amenaza de una pena cualquiera y para el cual dicho individuo no se ofrece voluntario.

RESPUESTA: **La C, el art. 2.1 del Convenio sobre el trabajo forzoso de 1930 define el trabajo o servicio forzoso u obligatorio como el que es exigido a un individuo bajo la amenaza de una pena cualquiera y para el cual dicho individuo no se ofrece voluntario.**

8. La acción punible de la trata de seres humanos es:

a) Se ha de cometer empleando violencia, intimidación o engaño.
b) Abusando de una situación de superioridad.
c) A y B son correctas.
d) A y B son correctas además se puede contemplar la necesidad o de vulnerabilidad.

RESPUESTA: **La D, el delito se ha de cometer empleando violencia, intimidación o engaño, o abusando de una situación de superioridad o de necesidad o de vulnerabilidad.**

9. El Tribunal Supremo, en acuerdo de 31 de mayo de 2016, dictaminó que el delito de trata de seres humanos previsto y penado en el artículo 177 bis del Código Penal obliga a sancionar tantos delitos como víctimas, con arreglo a las normas que regulan:

a) Concurso real.
b) Concurso ideal.
c) Concurso medial.
d) El Código Penal no obliga a sancionar tantos delitos como víctimas.

RESPUESTA: **La A, con arreglo a las normas que regulan el concurso real (STS 538/2016, de 17 de junio).**

10. El sujeto pasivo son los menores de edad, y el objetivo es la explotación. Según Serrano Gómez y Serrano Maíllo el término «explotación» es:

a) Impreciso y puede generar inseguridad jurídica.
b) Preciso y puede generar seguridad jurídica.
c) Impreciso y puede generar seguridad jurídica.
d) Hay unanimidad en el término de explotación.

RESPUESTA: **La A, según Serrano Gómez y Serrano Maíllo (2016) el término «explotación» es impreciso y puede generar inseguridad jurídica.**

TEMA X.

MENORES Y APOROFOBIA

1. Introducción y objetivos

INVESTIGACIÓN JUDICIAL

Detenidos por un delito de odio dos menores que acosaron y agredieron a un indigente

Fuente: https://binged.it/3GoruHX

No era la primera vez que lo molestaban, despreciándolo y amenazándolo, pero en esta ocasión supuestamente decidieron sobrepasar los límites aún más. Dos menores de 17 años han sido detenidos por la Policía Nacional en Málaga como presuntos delitos de odio y lesiones contra un indigente al que acosaron mientras dormía y propinaron un fuerte golpe con un tablón en la cabeza.

Para saber más, accede a la siguiente dirección web:

https://www.elconfidencial.com/espana/andalucia/2021-06-26/detenidos-delito-odio-dos-menores-indigente_3153483/

En el año 2017 la profesora Adela Cortina Orts, Catedrática de Ética y Filosofía Política de la Universidad de Valencia, publicaba una trascendental obra titulada «Aporofobia, el rechazo al pobre. Un desafío para la democracia», proponiendo a la RAE la adopción de un término de nuevo cuño, el de aporofobia. En diciembre de ese mismo año la RAE incluyó en su diccionario esta palabra y la definió como la «fobia a las persona pobres o desfavorecidas».

En el año 2018 el Grupo Parlamentario Unidos Podemos-En Comú Podem-En Marea en el Congreso de los Diputados presentó, para su toma en consideración por las Cortes, una Proposición de Ley Orgánica de reforma de la LO. 10/1995, de 2 de noviembre, del Código Penal (622/000025), en la que se proyectaba la inclusión de las razones de aporofobia y de exclusión social como nuevos motivos agravatorios de pena en el seno del art. 22, 4º CP. La Proposición de Ley Orgánica aludida jamás llegó a aprobarse (Bustos Rubio 2020, p. 25).

Gracias a la Ley Orgánica 8/2021, de 4 de junio, de protección integral a la infancia y la adolescencia frente a la violencia, se modifica la circunstancia 4.ª del artículo 22, que queda redactada como sigue:

> «4.ª Cometer el delito por motivos racistas, antisemitas u otra clase de discriminación referente a la ideología, religión o creencias de la víctima, la etnia, raza o nación a la que pertenezca, su sexo, edad, orientación o identidad sexual o de género, razones de género, de **aporofobia o de exclusión social**, la enfermedad que padezca o su discapacidad, con independencia de que tales condiciones o circunstancias concurran efectivamente en la persona sobre la que recaiga la conducta».

Casi un año después la misma circunstancia 4.ª fue otra vez modificada por la Ley Orgánica 6/2022, de 12 de julio.

> «4.ª Cometer el delito por motivos racistas, antisemitas, **antigitanos** u otra clase de discriminación referente a la ideología, religión o creencias de la víctima, la etnia, raza o nación a la que pertenezca, su sexo, edad, orientación o identidad sexual o de género, razones de género, de aporofobia (...)».

Los objetivos de aprendizaje de esta unidad son los siguientes:

- Aproximación del concepto aporofobia.
- Conocer el tipo básico del delito de odio.
- Saber analizar los motivos de la Sentencia Audiencia Provincial de Barcelona de 5 noviembre de 2008.

2. El tipo básico del delito de odio

El perfil de la persona pobre que sufre hoy ataques aporófobos también ha cambiado, pues actualmente la pobreza no se limita solo a situaciones estrictas de sinhogarismo (aunque sea este el más común y patente de los estados de pobreza) sino también a la falta de recursos económicos en personas que pueden incluso malvivir en algún hogar (Bustos Rubio 2020, p. 68).

Artículo 14 de la Constitución:

> «Los españoles son iguales ante la ley, sin que pueda prevalecer discriminación alguna por razón de nacimiento, raza, sexo, religión, opinión o cualquier otra condición o circunstancia personal o social».

Se produce una discriminación cuando una distinción de trato carece de una justificación objetiva y razonable; afirmando, que la existencia de tal justificación debe apreciarse en relación con la finalidad y efectos de la medida considerada, debiendo darse una relación razonable de proporcionalidad entre los medios empleados y la finalidad perseguida (STC 34/1981, 10 de noviembre de 1981).

El **art. 510 del CP** sanciona a quienes fomentan, promueven o inciten directa o indirectamente la discriminación el odio o la violencia contra grupos o asociaciones por distintos motivos que son recogidos en el precepto (ABADÍAS SELMA 2022).

Artículo 510

«1. Serán castigados (...):

a) Quienes públicamente **fomenten, promuevan o inciten directa o indirectamente** al odio, hostilidad, discriminación o violencia contra un grupo, una parte del mismo o contra una persona determinada por razón de su pertenencia a aquel, por motivos racistas, antisemitas, antigitanos u otros referentes a la ideología, religión o creencias, situación familiar, la pertenencia de sus miembros a una etnia, raza o nación, su origen nacional, su sexo, orientación o identidad sexual, por razones de género, aporofobia, enfermedad o discapacidad.

b) **Quienes produzcan, elaboren, posean con la finalidad de distribuir, faciliten a terceras personas el acceso, distribuyan, difundan o vendan escritos o cualquier otra clase de material o soportes que por su contenido sean idóneos para fomentar, promover, o incitar directa o indirectamente al odio, hostilidad, discriminación o violencia** (...).

c) Públicamente **nieguen, trivialicen gravemente o enaltezcan los delitos de genocidio, de lesa humanidad o contra las personas y bienes protegidos en caso de conflicto armado, o enaltezcan a sus autores** (...).

2. Serán castigados (...):

a) Quienes lesionen la dignidad de las personas mediante **acciones que entrañen humillación, menosprecio o descrédito** (...).

b) Quienes **enaltezcan o justifiquen por cualquier medio de expresión pública o de difusión** (...).

(...) cuando de ese modo se promueva o favorezca un clima de violencia, hostilidad, odio o discriminación contra los mencionados grupos».

La literalidad del precepto permite castigar al margen de los efectos que esas conductas puedan generar, lo que plantea dudas acerca de su constitucionalidad, por lo que ROIG TORRES estima que hay que considerar implícito el requisito de que las acciones revistan «una peligrosidad suficiente para desatar un ambiente de violencia y hostilidad que pueda traducirse en acciones concretas» (CUERDA ARNAU 2019, p. 754).

➜ **Acción punible**.

El tipo penal requiere para su aplicación la constatación de la realización de unas ofensas incluidas en el discurso de odio pues esa inclusión ya supone la realización de una conducta que provoca, **directa o indirectamente**, sentimientos de odio, violencia, o de discriminación. De alguna manera son expresiones que, por su gravedad, por herir los sentimientos comunes a la ciudadanía, se integran en la tipicidad (STS 72/2018, de 9 de febrero).

➜ **Bien jurídico protegido**.

Los delitos de odio entran de lleno en estas consideraciones. Atacan la libertad y la igualdad y destruyen el fundamento del orden político democrático y su paz social (ABADÍAS SELMA 2022).

De ahí, que su bien jurídico protegido no sea sólo la no discriminación o la protección de la igualdad o de la diferencia, según la perspectiva que se aborde, sino los propios valores superiores del ordenamiento jurídico y los fundamentos del orden político y social (DOLZ LAGO 2016).

Se trata de uno de los derechos fundamentales de la persona por el hecho de serlo (art. 14 CE) y está recogido en todas las declaraciones básicas de derechos fundamentales, tanto nacionales como internacionales (GÓMEZ RIVERO *et al.* 2020, p. 603).

➔ Sujetos.

Sujeto activo puede serlo cualquiera, y por lo tanto, estamos ante un delito de carácter común. Nótese que el delito podrá cometerse incluso entre personas de la misma ideología, religión, creencias, raza etc. Hemos de pensar que incluso cabe la posibilidad de que una persona reniegue de su religión, raza, etc. y provoque a otros hacia una situación de odio que termine en discriminación (ABADÍAS SELMA 2021).

La LO 1/2015 contempla la responsabilidad de las personas jurídicas con la introducción del art. 510 bis CP.

> «Cuando de acuerdo con lo establecido en el artículo 31 bis una persona jurídica sea responsable de los delitos comprendidos en los dos artículos anteriores, se le impondrá la pena de multa de dos a cinco años. Atendidas las reglas establecidas en el artículo 66 bis, los jueces y tribunales podrán asimismo imponer las penas recogidas en las letras b) a g) del apartado 7 del artículo 33.
>
> En este caso será igualmente aplicable lo dispuesto en el número 3 del artículo 510 del Código Penal».

Los **sujetos pasivos** se delimitan en función a su pertenencia a los colectivos vulnerables socialmente que determinan los móviles discriminatorios descritos en el tipo penal.

➔ Elemento subjetivo.

CÁMARA ARROYO (2017) señala que tiene serias dudas de que un delito de expresión que se integre en los denominados delitos de odio pueda ser cometido por imprudencia, pudiéndose admitir con criterios que cumplan los requisitos jurisprudenciales que lo diferencien de la imprudencia consciente, la modalidad doloso eventual, exigente de un alto nivel de probabilidad de que acrezca el daño.

➔ Formas de ejecución.

Se trata de un tipo penal estructurado bajo la forma de **delito de peligro**, bastando para su realización la generación de un peligro que se concreta en el mensaje con un contenido propio del «discurso del odio», que lleva implícito el peligro al que se refieren los Convenios Internacionales de los que surge la tipicidad. Estos refieren la antijuricidad del discurso del odio sin necesidad de una exigencia que vaya más allá del propio discurso que contiene el mensaje de odio y que por sí mimo es contrario a la convivencia y por eso considerado lesivo (SAN 6/2018, 1 de marzo de 2018).

➔ El **discurso de odio y los delitos de odio no son siempre conceptos equivalentes**. De hecho, ciertos discursos del odio pueden ser reprochables desde una perspectiva extrapenal, pero no dar lugar a un delito de odio (ABADÍAS SELMA 2021).

3. Sentencia de la Audiencia Provincial de Barcelona de 5 de noviembre de 2008

Hechos probados

«El día 15 de diciembre de 2005 Dª. Valentina, de cincuenta años de edad, accedió al interior del habitáculo acristalado, cajero automático (...) con intención de pernoctar en su interior dada su condición de indigente(...).

En dicha finca se estaban realizando obras de limpieza de la fachada y se encontraban instalados andamios utilizándose en dichas tareas disolvente que estaba almacenado en bidones de plástico azul de 25 litros, debidamente etiquetados e ilustrados en orden a indicar su composición y carácter tóxico y altamente inflamable del contenido (...).

Y sobre las 1:40 horas (...), los acusados Carlos Miguel y Isidro, ambos mayores de edad, sin antecedentes penales, unidos por previa relación de amistad y movidos por la conjunta intención de menoscabar la integridad física y moral de la Sra. Valentina accedieron al interior del habitáculo del cajero, increpando y mofándose de la mencionada persona, al tiempo que Carlos Miguel le lanzaba objetos diversos que desde el exterior le facilitaba Isidro así entre otros, una naranja, una botella de plástico de dos litros conteniendo restos de líquido y dos conos de señalización viaria. Tras un breve forcejeo por el control de la puerta la Sra. Trinidad consiguió cerrar el pestillo de la misma, ausentándose los acusados.

Sin embargo, como quiera que se habían juntado con varios amigos, uno de los cuales, Salvador (**menor de edad** a la fecha de los hechos y ya juzgado) no había sido visto con anterioridad por la Sra. Valentina conscientes de ello, urdieron una trampa con el objetivo de engañarle y que la misma cediera en su autoprotección, y así conseguir que la citada mujer les franquease el paso. A tal fin, **el menor** mientras los dos acusados se hallaban escondidos tras unos andamios cercanos, golpeó la puerta y con gestos de necesitar operar en los cajeros automáticos convenció a aquélla para que le abriera, lo que consiguió, accediendo acto seguido a su interior (...).

Seguidamente Isidro y **el menor** procedieron a apoderarse de uno de los bidones (...) tras oler su contenido, para confirmar la certeza de la clase de sustancia de que se trataba, con plena conciencia de la alta probabilidad de acabar con su vida (...) proveídos de sendos cigarrillos encendidos los dos acusados junto con el referido menor portador del bidón ya destapado, accedieron al interior del cajero automático (...) quedando Carlos Miguel en su parte interna sujetando abierta la puerta, garantizando así la inmediata huida e iniciando **el menor** el vertido de la sustancia inflamable a escasa distancia de la mujer que se hallaba tendida y adormecida. En el transcurso del vertido, por exceso de peso, el bidón se le venció cayendo al suelo esparciéndose su contenido casi completo, saliendo en tal momento **el menor** del cajero y procediendo Isidro a tirar la colilla encendida que portaba, sobre el líquido inflamable lo que produjo una potente deflagración con inmediato incendio de la mujer (...).

Valentina falleció por shock y fallo multiorgánico a consecuencia de tales quemaduras (...)».

En este caso la sentencia condena a los dos sujetos mayores de edad en calidad de coautores por un delito de **asesinato con alevosía** (en **concurso medial** con el de **daños**), y precisamente se tienen en cuenta ciertos aspectos de la situación de sinhogarismo de la víctima para fundamentar esa alevosía, si bien no por el hecho de encontrarse en tal situación, sino por una específica mayor vulnerabilidad y falta de posibilidades de defensa, indefensión de la que los autores eran conscientes y de la que se aprovecharon en la ejecución del delito, con medios específicamente peligrosos.

Se **descarta expresamente la aplicación de la agravante de odio** discriminatorio del art. 22, 4° CP. (antiguo precepto): «no concurriendo tampoco la agravante impetrada por la acusación particular de La Caixa, con discutible legitimación para ello, en cuanto a móvil subsumible en el apartado 4° del artículo 22 CP. dado que no existe prueba que funde tal aserto, que por otro lado ni siquiera se ha concretado en qué supuesto versaría, significándose que la marginalidad o desocialización y situación de exclusión social **no resulta contemplada en el elenco previsto** en el mencionado apartado cuya interpretación debe ser restrictiva en cuanto son circunstancias agravantes».

Tenemos que subrayar que estos hechos se produjeron **antes de la Ley Orgánica 8/2021, de 4 de junio, de protección integral a la infancia y la adolescencia frente a la violencia**, por la que se modifica la circunstancia 4.ª del artículo 22 del CP.

Ya que al tenor literal del antiguo precepto no se consideraba más grave la conducta de quien por motivos racistas, antisemitas u otra clase de discriminación actúa contra la víctima cuando la misma no está incluida en la enumeración que establecía el propio precepto, esto es cuando la causa de la comisión del delito sea la ideología, religión o creencias de la víctima, la etnia, raza o nación a la que pertenezca, su sexo, orientación o identidad sexual, la enfermedad que padezca o su discapacidad, entre lo que **no se incluía** la condición social del perjudicado ni el hecho de que, acertadamente o no, se considere que es un indigente (Bustos Rubio 2020, p. 127).

Por lo consiguiente, la jurisprudencia no ha podido aplicar en la práctica la circunstancia modificativa de agravante al no contemplarse la aporofobia como motivo discriminatorio.

4. Minoría de edad y las agresiones aporófobas

Señala Bustos Rubio (2020) que en estos tipos de actos destaca, en diferentes casos, **perfiles de agresores muy jóvenes**, incluso menores como hemos comprobado en el epígrafe anterior

En la investigación realizada por dicho autor ha topado con multitud de resoluciones que relatan diversos tipos de agresiones motivadas por odio hacia el pobre, cometidas por menores de edad.

A modo ejemplificativo de cómo menores escogen a estas personas para sus ataques aporófobos tenemos la SAP de Cuenca (Sección 1.ª), 148/2003, de 18 de diciembre. Resolución en la que se vuelve a poner de manifiesto la especial vulnerabilidad del grupo de personas en situación de pobreza.

> «Una vez allí, junto a **los citados menores**, Alfonso les propuso ir a tirar piedras a unos indigentes de origen búlgaro que moraban una chabola sita a las afueras de la localidad. Tal propuesta fue aceptada por todos ellos, quienes acudieron al lugar en ciclomotores. Una vez cerca ya de las chabolas procedieron, tapándose las caras, a tirar piedras a esta, saliendo de la misma en actitud de huida uno de los moradores a quien no agredieron. Como quiera que continuasen todos tirando piedras, así como también llegaron a zarandear la chabola, salió de la misma el ciudadano de origen (...) e ignorado paradero, el cual al ver la situación salió huyendo a pie, siendo perseguido por David, alias "Gamba", quien al darle alcance le propinó una fuerte patada en la espalda derribándolo al suelo, donde le dio algún golpe más. Estando
>
> Luis Antonio caído en el suelo, y dado que sobresalía de un bolsillo de su pantalón una cartera, al percatarse de ello Benjamín, alias "Cachas", este le quitó la misma (...)».

Es menester recoger la literalidad de las palabras utilizadas por el **equipo técnico de menores** al recomendar la aplicación de la medida de internamiento de fin de semana en centro con realización de tareas socio-educativas, tal como hace la sentencia:

> «"(...) la finalidad de la medida propuesta es que **el menor interiorice lo improcedente de su conducta**, reflexionando sobre las consecuencias que de ella se han derivado y las que podrían haber existido, así como la respuesta social dada por su comportamiento, pudiendo además servir de cauce de prevención de posibles actitudes similares. Las tareas socioeducativas deben orientarse a fomentar en el menor actitudes de asertividad, empatía y solidaridad. Otro objetivo es la concienciación de que sus conductas deben orientarse hacia el respeto a las personas, especialmente de aquellas en situación de precariedad o desventaja social". Prueba de que también en procesos penales con menores se tienen en cuenta, en la práctica, las circunstancias concretas de la víctima, en este caso en situación de pobreza».

5. Referencias bibliográficas

Abadías Selma, A., *Derecho penal. Parte especial. Temas prácticos para su estudio*, 2° edición. Editorial Colex, A Coruña, 2022.

Bustos Rubio, M., *Aporofobia y delito. La discriminación socioeconómica como agravante (art. 22. 4ª CP).* J.M. Bosch Editor, Madrid, 2020.

Cámara Arroyo, S., «El concepto de delitos de odio y su comisión a través del discurso. Especial referencia al conflicto con la libertad de expresión», en *Anuario de derecho penal y ciencias penales*, fascículo 1, VOL. LXX, 2017, pp. 139 a 225, 2017. Disponible en: https://cutt.ly/PWgxXY2.

Cuerda Arnau, Mª. L., «Delitos contra la Constitución», en *Derecho Penal. Parte Especial*, González Cussac, J.L. Tirant lo Blanch, Valencia, 2019.

Dolz Lago, M.J., «Algunas cuestiones claves sobre de la reforma del art. 510 CP por LO 1/2015», en *Diario La Ley*, n.° 8712, Sección Doctrina, 1 de marzo de 2016, Ref. D-89, LA LEY.

Gómez Rivero, Mª C., **Nieto Martín, A.**, **Cortés Bechiarelli, E.** y **Núñez Castaño, E.**, *Nociones fundamentales de Derecho Penal. Parte especial*. Tecnos, Madrid, 2020.

Jurisprudencia

- Sentencia del Tribunal Constitucional n.° 34/1981, de 10 de noviembre de 1981.
- Sentencia del Tribunal Supremo n.° 72/2018, de 9 de febrero.

- Sentencia de la Audiencia Nacional n.º 6/2018, de 1 de marzo de 2018.
- Sentencia Audiencia Provincial de Barcelona de 5 noviembre de 2008.
- Sentencia Audiencia Provincial de Cuenca n.º 148/2003, de 18 de diciembre de 2003.

Legislación

- Constitución Española, «BOE» núm. 311, de 29/12/1978.
- Ley Orgánica 10/1995, de 23 de noviembre, del Código Penal. «BOE» núm. 281, de 24/11/1995.
- Ley Orgánica 5/2000, de 12 de enero, reguladora de la responsabilidad penal de los menores. «BOE» núm. 11, de 13 de enero de 2000.
- Ley Orgánica 8/2021, de 4 de junio, de protección integral a la infancia y la adolescencia frente a la violencia.

A fondo

Hablo en castellano porque así parezco más malo: El uso de la lengua como elemento de enfrentamiento social, del Doctor en Derecho Penal y Criminología ABADÍAS SELMA, A.

Un interesante artículo basado en el delito de odio, el autor nos va introduciendo en unos hechos reales ocurridos en **Cataluña en el programa** «Au Pair» de TV3, en horario de ***Prime time***, como tendenciosamente y sin fundamento legal se van sacando de contexto. Nos hará reflexionar como la política crispa a una sociedad que ya está fragmentada. Tendréis que analizar si la situación que produjo el mago Lari tiene relación con el artículo 510 CP.

ABADÍAS SELMA, A., «El delito de odio con fundamento en la aversión al colectivo de las personas sin hogar por situación familiar: exégesis del artículo 510.1 a) del Código penal», en *Anuario de derecho penal y ciencias penales*, Tomo LXXV, BOE, Madrid, 2022. Págs. 303-374.

Aporofobia y delito. La discriminación socioeconómica como agravante (art. 22, 4ª CP.), de Derecho Miguel Bustos Rubio.

La aporofobia, como manifestación del rechazo u odio hacia la persona en situación de pobreza, aparece hoy como un problema social significativo, tal como acreditan los datos e investigaciones realizadas por las distintas instituciones que trabajan sobre la materia. Una obra que no debe de faltar para un buen estudio de este tipo de problemática.

Aporofobia y plutofilia. La deriva jánica de la política criminal contemporánea, del Catedrático de Derecho Penal D. Terradillos Basoco J. M.ª

La política criminal de nuestros días no es, así, unidireccional, sino bifronte, jánica. Como Jano, el dios de las dos caras se proyecta en dos direcciones, solo aparentemente contrapuestas: la una, plutofílica, de connivencia con el poderoso, que manifiesta su poder tanto en la producción como en la aplicación de la ley; la otra, aporofóbica, de rigor punitivo frente al pobre; ese que, en nuestras sociedades presididas por el principio del intercambio, aporta muy poco y que, en consecuencia, no puede esperar nada.

Test

1. ¿En qué año se incluyó en la RAE el termino de aporofobia?

a) 2015.
b) 2018.
c) 2016.
d) 2017.

RESPUESTA: La D, En diciembre de 2017 la RAE incluyó en su diccionario esta palabra y la definió como la «fobia a las persona pobres o desfavorecidas».

2. El art.22.4ª se modifica gracias a:

a) Ley Orgánica 10/1995, de 2 de noviembre.
b) Ley Orgánica 8/2021, de 4 de junio.
c) Ley Orgánica 1/2015, de 30 de marzo.
d) Ley Orgánica 8/2015, de 22 de julio.

RESPUESTA: La B, Gracias a la Ley Orgánica 8/2021, de 4 de junio, de protección integral a la infancia y la adolescencia frente a la violencia, se modifica la circunstancia 4.ª del artículo 22.

3. El art. 510 del CP sanciona según ABADÍAS SELMA:

a) A quienes fomentan, promueven o inciten directa o indirectamente la discriminación el odio o la violencia contra grupos o asociaciones por distintos motivos que son recogidos en el precepto.
b) A quienes fomentan, promueven o inciten directa la discriminación el odio o la violencia contra grupos o asociaciones por distintos motivos que son recogidos en el precepto.
c) A quienes fomentan, promueven o inciten indirectamente la discriminación el odio o la violencia contra grupos o asociaciones por distintos motivos que son recogidos en el precepto.
d) Todas son falsas.

RESPUESTA: La A, el art. 510 del CP sanciona a quienes fomentan, promueven o inciten directa o indirectamente la discriminación el odio o la violencia contra grupos o asociaciones por distintos motivos que son recogidos en el precepto (ABADÍAS SELMA 2022).

4. El bien jurídico protegido de los delitos de odio:

a) La no discriminación.
b) La protección de la igualdad o de la diferencia.

c) Todas son correctas.
d) Los propios valores superiores del ordenamiento jurídico y los fundamentos del orden político y social.

RESPUESTA: La C, su bien jurídico protegido no sea sólo la no discriminación o la protección de la igualdad o de la diferencia, según la perspectiva que se aborde, sino los propios valores superiores del ordenamiento jurídico y los fundamentos del orden político y social (Dolz Lago 2016).

5. Los sujetos activos de los delitos de odio:

a) Puede serlo cualquiera.
b) Se contempla la responsabilidad de las personas jurídicas.
c) A y B son falsas.
d) A y B son verdaderas.

RESPUESTA: La D, puede serlo cualquiera, y por lo tanto, estamos ante un delito de carácter común. La LO 1/2015 contempla la responsabilidad de las personas jurídicas con la introducción del art. 510 bis CP.

6. El discurso de odio y los delitos de odio:

a) Son siempre conceptos equivalentes.
b) No son siempre conceptos equivalentes.
c) Son siempre conceptos semejantes.
d) Todas son verdaderas.

RESPUESTA: La B, el discurso de odio y los delitos de odio no son siempre conceptos equivalentes. De hecho, ciertos discursos del odio pueden ser reprochables desde una perspectiva extrapenal, pero no dar lugar a un delito de odio (Abadías Selma 2021).

7. Son condenados los dos sujetos mayores de edad en la Sentencia de la Audiencia Provincial de Barcelona de 5 de noviembre de 2008 por:

a) Asesinato con alevosía.
b) Homicidio imprudente.
c) Asesinato con agravante del art. 22. 4° CP.
d) Homicidio.

RESPUESTA: La A, en este caso la sentencia condena a los dos sujetos mayores de edad en calidad de coautores por un delito de asesinato con alevosía (en concurso medial con el de daños.

8. Señala Bustos Rubios que en las agresiones aporófobas:

a) Destaca perfiles muy mayores.
b) Destaca perfiles muy jóvenes.
c) No destaca ningún perfil.
d) Destaca agresores hombres.

RESPUESTA: La B, señala Bustos Rubio (2020) que en estos tipos de actos destaca, en diferentes casos, perfiles de agresores muy jóvenes, incluso menores.

9. En la SAP de Cuenca (Sección 1ª), 148/2003, de 18 de diciembre, el equipo técnico recomienda:

a) Medida en régimen de internamiento de fin de semana.
b) Medida en régimen semiabierto.
c) Medida de libertad vigilancia.
d) Medida de convivencia con otra persona, familia o grupo educativo.

RESPUESTA: La A, el equipo técnico de menores al recomendar la aplicación de la medida de internamiento de fin de semana en centro con realización de tareas socio-educativas.

10. Los sujetos pasivos se delimitan en función a su pertenencia a los colectivos vulnerables socialmente que determinan los móviles discriminatorios descritos:

a) En el tipo penal.
b) En el Código Civil.
c) En el Código Comercio.
d) En el Código Deontológico.

RESPUESTA: La A. Los sujetos pasivos se delimitan en función a su pertenencia a los colectivos vulnerables socialmente que determinan los móviles discriminatorios descritos en el tipo penal.

TEMA XI.

DESÓRDENES PÚBLICOS

DESÓRDENES PÚBLICOS

Paz pública y orden público

Existen proximidad y dificultades para la diferenciación entre la noción de paz pública y el de orden público

El orden público material o en sentido restringido

El orden público formal o en sentido amplio

Artículo 557 del CP

Delito de resultado

Actuación grupal

Actuación individual amparada en el grupo

1. Introducción y objetivos

TRIBUNALES

Condenan a un menor por desórdenes públicos, daños y atentado durante una concentración por el soterramiento del AVE en Murcia

La titular del juzgado de Menores número 2 de Murcia impone al chico 200 horas de prestaciones en beneficio de la comunidad.

Fuente: https://www.ondacero.es/emisoras/murcia/murcia/noticias/condenan-menor-desordenes-publicos-danos-atentado-concentracion-soterramiento-ave-murcia_20220222621508c70e0614000121686f.html

La titular del juzgado de Menores número 2 de Murcia **condena a 200 horas de prestaciones en beneficio de la comunidad** a un menor por desórdenes públicos, atentado a los agentes de la autoridad y un delito de daños ocasionados durante una protesta para pedir el soterramiento de las vías del AVE.

La magistrada considera probado que el 3 de octubre de ese año, aprovechando la concentración de la Plataforma Pro Soterramiento en el paso a nivel de Santiago el Mayor (Murcia) para reivindicar que las autoridades públicas dejasen sin efecto la llegada del AVE a Murcia en superficie, **el menor, de 16 años, junto a un grupo numeroso de jóvenes,** «procedieron a lanzar artefactos pirotécnicos y piedras de grandes dimensiones a los agentes que formaban las referidas dotaciones».

Para saber más, accede a la siguiente dirección web:

https://www.ondacero.es/emisoras/murcia/murcia/noticias/condenan-menor-desordenes-publicos-danos-atentado-concentracion-soterramiento-ave-murcia_20220222621508c70e0614000121686f.html

Antes de abordar el tema lo primero que se ha de tratar es si es lo mismo «orden público» y «paz pública».

Tradicionalmente el Código Penal ha tratado ambos conceptos de forma ambigua, lo que ha originado un debate doctrinal debido a que algunos autores lo han tratado como sinónimos y otros han establecido una distinción entre ambos.

El Tribunal Supremo (Sentencia 244/2011, 5 de abril de 2001) ha manifestado que, existe proximidad y dificultades para la diferenciación entre la noción de paz pública y el de orden público.

Para el **Alto Tribunal** la paz pública hace referencia a la normalidad de la convivencia con un uso pacífico de los derechos, especialmente los derechos fundamentales. Mientras que el orden público se refiere al funcionamiento normal de las instituciones y de los servicios.

Aclara que la paz pública puede subsistir en condiciones de un cierto desorden, aun cuando una grave alteración del mismo conllevaría generalmente a su afectación.

En opinión de Juanatey Dorado (2016, p. 42) la posición del Alto Tribunal tampoco es clara al diferenciar ambos conceptos.

Para poder profundizar en este tema se recomienda el uso de los siguientes materiales:

- Ley Orgánica 5/2000, de 12 de enero, reguladora de la responsabilidad penal de los menores. «BOE» núm. 11, de 13 de enero de 2000.
- Ley Orgánica 4/2015, de 30 de marzo, de protección de la seguridad ciudadana.

Los objetivos de aprendizaje de esta unidad son los siguientes:

- Aproximación al concepto de desórdenes públicos.
- Conocer el tratamiento del Código Penal a este tipo delictivo.
- Estudiar la actuación grupal e individual es desórdenes públicos.
- Diferenciar el tipo delictivo de desórdenes públicos con otras figuras afines.

2. Notas penales de desórdenes públicos

La expresión «orden público» se utiliza normalmente en dos sentidos:

a) **El orden público material o en sentido restringido** que significa que en una comunidad la convivencia se desarrolla en orden y con total normalidad. Este concepto de orden público material es el utilizado habitualmente en el lenguaje coloquial al relacionarlo con las funciones propias de las Fuerzas y Cuerpos de Seguridad del Estado que se identifican con la preservación de la seguridad ciudadana. Desde esta perspectiva hay orden público cuando se da una situación de normalidad, de calma, de seguridad y hay desorden público cuando desaparece esa tranquilidad como consecuencia de enfrentamientos, algaradas, altercados, etc. (Izu Belloso).

b) **El orden público formal o en sentido amplio**, es un concepto elaborado doctrinal y jurisprudencialmente, que hace referencia al orden general de la sociedad, equiparando en cierta medida el orden público con el orden social (Izu Belloso).

➔ El Tribunal Constitucional se ha referido al mismo como «sinónimo de respeto de los principios y valores jurídicos y meta-jurídicos que están en la base de la convivencia social y son fundamento del orden social, económico y político» (STC 66/1995, de 8 de mayo).

Artículo 557 del CP

«1. Quienes actuando en grupo o individualmente pero amparados en él, **alteraren la paz pública** ejecutando actos de violencia sobre las personas o sobre las cosas, o amenazando a otros con llevarlos a cabo, serán castigados con una pena de seis meses a tres años de prisión.

Estas penas serán impuestas sin perjuicio de las que pudieran corresponder a los actos concretos de violencia o de amenazas que se hubieran llevado a cabo.

2. Con las mismas penas se castigará a quienes actuaren sobre el grupo o sus individuos incitándoles a realizar las acciones descritas en el apartado anterior o reforzando su disposición a llevarlas a cabo».

➔ **Acción punible**: Se trata de un delito de resultado que exige la efectiva alteración del orden público y que se consuma desde el momento en que se produzcan algunas de las diferentes conductas descritas en el tipo: violencia sobre las personas, violencia sobre las cosas, o amenazas. Ello quiere decir, que la simple agrupación de personas molestando, incomodando, o alterando la pacífica convivencia, no consumará este delito hasta tanto no se haya ejecutado alguno de los actos que describe el tipo. Es posible la tentativa (SERRANO GÓMEZ *et. al*. 2021, p. 898).

➔ **Bien jurídico protegido**: lo es la paz pública (ABADÍAS SELMA 2022, p. 695)

➔ **Sujeto activo**: exige la concurrencia de un sujeto activo plural recogido con la expresión «actuando en grupo», esto es, teniendo cobertura en una muchedumbre o valerse de su apoyo o protección, bien para facilitar la alteración de la paz pública o para conseguir una mayor impunidad (MUÑOZ CONDE 2019).

➔ **Sujeto pasivo**: es la comunidad en general, y en particular las personas que sufren la violencia.

➔ **Elemento subjetivo**: delito de carácter tendencial, en que la finalidad de atentar contra la paz pública constituye un elemento subjetivo del injusto de carácter especial (QUINTERO OLIVARES 2016).

➔ **Concurso**: habrá concurso medial, por ejemplo, con los delitos de daños.

➔ **Consumación**: se consuma cuando se altera la paz pública.

La Sentencia de la Sección 29.ª de la Audiencia Provincial de Madrid de fecha 31 de marzo de 2017 remarca que la Ley Orgánica 1/2015, de 30 de marzo, modificó profundamente el tipo del delito de desórdenes públicos en relación con lo siguiente:

1. En cuanto a la acción típica, «(actuar "con el fin de atentar contra la paz pública") que pasa a ser un elemento objetivo del tipo ("Quienes (...) alteraren la paz pública...")».
2. En segundo lugar, a la actuación en grupo se equipara la actuación individual amparada en el grupo.
3. En tercer lugar, desaparece la exigencia de un resultado material de lesiones o daños, que se sustituye por la de ejecutar «actos de violencia sobre las personas o sobre las cosas», bastando incluso la simple «amenaza» de llevarlos a cabo, ampliándose notablemente el tipo. Finalmente, desaparecen las modalidades consistentes en «obstaculizar las vías públicas o los accesos a las mismas de manera peligrosa para los que por ellas circulen», o «invadir instalaciones o edificios». (ABADÍAS SELMA 2022, pp. 695-696).

Auto de la Audiencia Provincial de Barcelona 396/2020, 25 de junio de 2020

«(...) en el expediente seguido por un delito de desórdenes públicos y atentado de los art. 557, 550, 551 CP en el que aparece **implicado el menor Luis Manuel** (...).

(...) a lo largo de la madrugada del día 20 de octubre de 2019 se registraron fuertes disturbios en las inmediaciones de la Delegación de Gobierno y Jefatura Superior de Policía de Cataluña, donde manifestantes radicales fueron detectados levantando barricadas con mobiliario urbano y prendiéndoles fuego, entre ellos destacó el menor expedientado por portar una barra de hierro con la que arrancaba baldosas de la acera que distribuía entre el resto de manifestantes para después arrojarlas contra los integrantes del CME, siendo detenido el menor por el delito de desórdenes públicos y atentado a agentes de la autoridad.

Y se decía que según el oficio policial del análisis de las informaciones recabadas en las jornadas de disturbios se extraía que los disturbios habían alcanzado una violencia extrema y sostenida en el tiempo, que los actos se realizaban por grupos de personas perfectamente instruidas y coordinadas entre sí, dirigidos hacia objetivos concretos y simultáneos, para debilitar la respuesta policial, se refería a los daños sufridos y a que los medios empleados para hacer llegar el plan a los violentos son fundamentalmente telemáticos».

Si no concurren los elementos exigidos por el tipo, la alteración del orden público será integrada en el caso de las infracciones contenidas en el art. 36 de la Ley Orgánica 4/2015, de 30 de marzo, de protección de la seguridad ciudadana.

Tipo agravado

Artículo 557 bis. del CP

«1. Los hechos descritos en el artículo anterior serán castigados con una pena de uno a seis años de prisión cuando concurra alguna de las circunstancias siguientes:

1.ª Cuando alguno de los partícipes en el delito portare un **arma u otro instrumento peligroso**, o exhibiere un **arma de fuego** simulada.

2.ª Cuando el acto de violencia ejecutado resulte potencialmente peligroso **para la vida de las personas o pueda causar lesiones graves**. En particular, están incluidos los supuestos de lanzamiento de objetos contundentes o líquidos inflamables, el incendio y la utilización de explosivos.

3.ª Cuando los hechos se lleven a cabo en una **manifestación o reunión numerosa**, o con ocasión de alguna de ellas.

4.ª Cuando se llevaren a cabo **actos de pillaje**.

5.ª Cuando el autor del hecho se prevaliera de su **condición de autoridad**, agente de ésta o funcionario público.

6.ª Cuando se lleven a cabo con **ocultación del rostro** y así se dificulte la identificación de sus autores.

Estas penas serán impuestas sin perjuicio de las que pudieran corresponder a los actos concretos de violencia, amenazas o pillaje que se hubieran llevado a cabo».

Auto de la Audiencia Provincial de Barcelona 976/2019, 22 de noviembre de 2019

«(...) indicios racionales de la comisión de un delito de desórdenes públicos del art. 557.1 con la agravante del art. 557 bis 3° y 6° y un delito de atentado con uso de instrumento peligroso descritos en los **art. 550.1 y 551.1° CP**, así se dice que el **menor de 17 años** en la fecha de los hechos, sobre las 13 horas del día 18 de octubre de 2019, junto con un grupo numeroso de personas, con ánimo de alterar la paz social y la pacífica convivencia, se dirigieron al edificio de la Jefatura del Cuerpo de Policía Nacional, una vez allí empezaron a increpar verbalmente a los Agentes del CME y CNP que formaban una línea policial para preservar la sede de Jefatura. Que en un momento dado el grupo del que formaba parte el menor empezó a tirar contra los Agentes, huevos, latas, botellas llenas, restos de comida, pintura, petardos, y que el menor expedientado con total menosprecio del principio de autoridad que representaban los agentes y con total menosprecio a su integridad física, se cubrió la cabeza con un pasamontañas que le cubría cabeza y cara, saco un petardo de grandes dimensiones, de color verde, de una riñonera, le prendió fuego y lo lanzo contra la línea de agentes del CNP que estaban situados a cinco metros del menor expedientado, detonando el petardo a escasos centímetros de los agentes».

Art. 573 bis 4. del Código Penal

«4. El delito de desórdenes públicos previsto en el art. 557 bis CP. así como los delitos de rebelión y sedición, cuando se cometan por una organización o grupo terrorista o individualmente, pero amparados en ellos, se castigarán con la pena superior en grado a las previstas para tales delitos».

➔ **El art. 557 bis CP se configura como una disposición que sanciona de forma específica los actos violentos cometidos en el seno de manifestaciones o protestas ciudadanas** (Abadías Selma 2022, p. 698).

Tipos atenuados

Artículo 557 ter. del CP

«1. Los que, actuando en grupo o individualmente pero amparados en él, invadan u ocupen, contra la voluntad de su titular, el domicilio de una persona jurídica pública o privada, un despacho, oficina, establecimiento o local, aunque se encuentre abierto al público, y causen con ello una perturbación relevante de la paz pública y de su actividad normal, serán castigados con una pena de prisión de tres a seis meses o multa de seis a doce meses, salvo que los hechos ya estuvieran castigados con una pena más grave en otro precepto de este Código».

Las penas aumentan cuando:

«2. Los hechos serán castigados con la pena superior en grado cuando concurran las circunstancias 1.ª, 3.ª, 4.ª ó 5.ª del artículo 557 bis».

Artículo 559 del CP

«La distribución o difusión pública, a través de cualquier medio, de mensajes o consignas que inciten a la comisión de alguno de los delitos de alteración del orden público del artículo 557 bis del Código Penal, o que sirvan para reforzar la decisión de llevarlos a cabo, será castigado con una pena de multa de tres a doce meses o prisión de tres meses a un año».

Artículo 558 del CP

«Serán castigados con la pena de prisión de tres a seis meses o multa de seis a 12 meses, los que **perturben gravemente el orden en la audiencia de un tribunal o juzgado**, en los actos públicos propios de cualquier autoridad o corporación, en colegio electoral, oficina o establecimiento público, centro docente o con motivo de la celebración de espectáculos deportivos o culturales. En estos casos se podrá imponer también la pena de privación de acudir a los lugares, eventos o espectáculos de la misma naturaleza por un tiempo superior hasta tres años a la pena de prisión impuesta».

Sentencia de la Audiencia Provincial de Asturias n.º 382/2019, 14 de octubre de 2019

«El precepto requiere para que pueda ser aplicado no cualquier clase de alteración del orden público, es decir, no cualquier clase de incidencia concerniente a la paz o convivencia social ni cualquier inobservancia de una norma de régimen interno, sino que resulta preciso que aquellas actuaciones afecten gravemente al bien jurídico protegido».

Artículo 561 del CP

«Quien afirme falsamente o simule una situación de peligro para la comunidad o la producción de un siniestro a consecuencia del cual es necesario prestar auxilio a otro, y con ello provoque la movilización de los servicios de policía, asistencia o salvamento, será castigado con la pena de prisión de tres meses y un día a un año o multa de tres a dieciocho meses».

3. Actuación grupal

Sentencia Tribunal Supremo de 28 de febrero de 1998

«Para que exista el elemento plurisubjetivo o la existencia del grupo no es necesaria la concurrencia de una cierta estructuración asociativa entre los participantes, basta con que haya un acuerdo, aunque sea improvisado y súbito, que obedezca a la finalidad de atentar contra la paz pública».

Resulta indiferente el número de intervinientes:

Sentencia Tribunal Supremo de 8 de mayo de 1993

«Se hayan concertado previamente o que, partiendo de la iniciativa de uno o de pocos, se vayan sumando otros, los que de ese modo forman el grupo o lo acrecientan formando la pluralidad».

Criterio jurisprudencial que se completa con:

Sentencia Tribunal Supremo de 12 de enero de 2011

«El delito de desórdenes públicos se comete, por un sujeto plural, durante un tiempo que se prolonga mientras la alteración permanece como consecuencia de la acción de los autores. Es posible la incorporación de nuevos autores, distintos de los que iniciaron la acción, durante el desarrollo de ésta, pues el delito es de los llamados de consumación permanente, de manera que para ser considerado autor no es precisa la intervención desde el momento inicial de los hechos. Sería suficiente con la aportación de una conducta relevante a la ejecución tanto orientada a la alteración del orden como a conseguir el mantenimiento de esa situación impidiendo la restauración de la normalidad».

En opinión de Gili Pascual (2020, p. 54) también cobra relevancia en la actualidad una tercera cuestión que puede resultar igualmente definitoria del grupo y es la de la necesidad o no de presencia simultánea de los intervinientes en el lugar de la acción.

4. Actuación individual amparada en el grupo

Tradicionalmente la conducta central de desórdenes públicos se ha caracterizado en nuestro derecho penal por su representación grupal, configurándose como un delito de tipicidad pluripersonal.

La Ley Orgánica 1/2015, de 30 de marzo añadió al precepto una segunda modalidad consistente en la actuación «individual pero amparada en el grupo».

La Sentencia del Tribunal Supremo n.º 228/2018, de 17 de mayo de 2018 en relación con esta modalidad indica que: «desde la LO 1/2015 admite ambas posibilidades, tanto sujeto plural como individual». Se puede encontrar este contraste de actuaciones típicas en las resoluciones de las Audiencias Provinciales como: la SAP Ceuta, Secc. 6.ª, núm. 80/2019, de 15 de octubre, o la SAP Madrid, Secc. 29.ª, núm. 4829/2017, de 31 de marzo, en la que se indica que la actuación individual, siendo distinta, «se equipara» actualmente a la grupal.

Para la doctrina, el poder sancionar a una persona que actúa individualmente, aunque no posea una vinculación con el grupo, puede producir una inseguridad jurídica.

Señala CUERDA ARNAU (2015):

> «Aunque no acaba de entenderse bien qué quiere decirse con ello (refiriéndose a la actuación amparada en el grupo) todo indica que lo perseguido es sancionar como coautor o partícipe a quien, sin previo acuerdo con el grupo, converge con él de manera improvisada, realizando acciones de alteración de la paz (v.g., el joven de talante agresivo que se suma de manera espontánea a una algarada que se encuentra por sorpresa o de cuya convocatoria conoce a través de las redes sociales, etc.)».

5. Desórdenes públicos y figuras afines

➜ **Desórdenes públicos y riña tumultuaria (art. 154 del CP).**

La diferencia entre la violencia constitutiva del tipo básico de desórdenes públicos y la que da lugar al delito de riña tumultuaria radica, precisamente, en el sujeto pasivo de la acción. Mientras que en el primer caso la violencia va dirigida hacia una pluralidad indeterminada de usuarios o potenciales usuarios de un espacio público, en la riña tumultuaria los sujetos pasivos de la violencia son personas que participan en una contienda o batalla campal, careciendo, por tanto, de la condición de legítimo usuario o potencial usuario del espacio público afectado (COLOMER BEA 2021, p. 280).

➜ **Desórdenes públicos y delitos relativos a reuniones o manifestaciones.**

No es infrecuente que se produzcan desórdenes públicos con ocasión del ejercicio del derecho de reunión contemplado en el artículo 21 de la Constitución Española.

Ambos supuestos entrarían en el ámbito de aplicación del art. 514, apdos. 3 y 4 del CP.

En la Sentencia del Tribunal Supremo n.º 983/2016, de 11 de enero se castiga ambos preceptos en concurso ideal, pues entiende que:

> «(...) se puede impedir una reunión sin cometer desórdenes públicos, o producirse una situación de desórdenes públicos sin que existan personas reunidas en el ejercicio de ese derecho fundamental».

➜ **Desórdenes públicos y delitos contra el orden público en sentido estricto.**

El tipo básico de desórdenes públicos es un delito contra el orden público en sentido amplio, como es el legítimo uso o disfrute de los espacios públicos.

Pues bien, la distinción entre ambos grupos de delitos radica en el bien jurídico protegido: en el primer caso, la paz pública; en el segundo, el normal desarrollo de las funciones o de los servicios públicos.

Sentencia del Tribunal Supremo n.º 1792/2002, de 25 de octubre

«La diversa naturaleza de los bienes jurídicos protegidos en uno y otro caso permite que "unos mismos hechos globalmente considerados" den lugar a un concurso ideal entre el tipo básico de desórdenes públicos y alguno de los delitos contra el orden público en sentido estricto».

➔ **Desórdenes públicos y delitos de terrorismo.**

Lo que verdaderamente distingue los delitos de terrorismo con la finalidad de alterar gravemente la paz pública de los de desórdenes públicos es la concurrencia de dicha finalidad.

6. Referencias bibliográficas

Abadías Selma, A., *Derecho penal. Parte especial. Temas prácticos para su estudio*, 2.ª edición. Editorial Colex, A Coruña, 2022.

Colomer Bea, S., *El tratamiento penal de los desórdenes públicos*, Valencia, Tirant lo Blanch, 2021.

Cuerda Arnau, M.L., «Desórdenes públicos I (arts. 557.1.º y 557 bis)», en *Comentarios a la reforma del Código penal de 2015*, González Cussac, J.L. (Dir.), Matallín Evangelio, A./ Górriz Royo, E. (coords.), Tirant lo Blanch, 1.ª ed., Valencia, 2015.

Gili Pascual, A., «La actuación individual pero amparada en el grupo en el delito de desórdenes públicos», en *Cuadernos de Política Criminal*, n.º 131, 2020.

Izu Belloso, M. J., «Los conceptos de orden público y seguridad ciudadana tras la Constitución de 1978», en *Revista Española de Derecho Administrativo*, n.º 58, 1988.

Juanatey Dorado, C., «Orden público, paz pública y delitos de resistencia, desobediencia y desórdenes públicos tras las reformas de 2015», en *Cuadernos de Política Criminal*, n.º 120, 2016.

Muñoz Conde, F., *Derecho penal. Parte especial*. Valencia, Tirant lo Blanch, 2019.

Quintero Olivares, G., *Comentarios al Nuevo Código Penal*. 7.ª ed. Pamplona, Aranzadi, 2016.

Serrano Gómez, A., Serrano Maíllo, A., Serrano Tárraga, D. y **Vázquez González, C.**, *Curso Derecho Penal. Parte Especial*. Dykinson. S.L., Madrid, 2021.

Legislación

- Constitución Española.
- Ley Orgánica 10/1995, de 23 de noviembre, del Código Penal.
- Ley Orgánica 5/2000, de 12 de enero, reguladora de la responsabilidad penal de los menores. «BOE» núm. 11, de 13 de enero de 2000.
- Ley Orgánica 4/2015, de 30 de marzo, de protección de la seguridad ciudadana.

Jurisprudencia

- Sentencia del Tribunal Constitucional n.º 66/1995, de 8 de mayo de 1995.
- Sentencia Tribunal Supremo de 8 de mayo de 1993.
- Sentencia Tribunal Supremo de 28 de febrero de 1998.
- Sentencia del Tribunal Supremo n.º 1792/2002, de 25 de octubre.
- Sentencia Tribunal Supremo de 12 de enero de 2011.
- Sentencia del Tribunal Supremo n.º 244/2011, 5 de abril de 2011.
- Sentencia del Tribunal Supremo n.º 983/2016, de 11 de enero de 2016,
- Sentencia del Tribunal Supremo n.º 228/2018, de 17 de mayo de 2018.
- Sentencia de la Audiencia Provincial de Asturias n.º 382/2019, 14 de octubre de 2019.
- Sentencia de la Audiencia Provincial de Ceuta, Secc. 6ª, núm. 80/2019, de 15 de octubre.
- Sentencia de la Audiencia Provincial de Madrid, Secc. 29ª, núm. 4829/2017, de 31 de marzo.
- Auto de la Audiencia Provincial de Barcelona 976/2019, 22 de noviembre de 2019.
- Auto de la Audiencia Provincial de Barcelona 396/2020, 25 de junio de 2020.

A fondo

Tres detenidos por desorden público en las «no fiestas» de Plentzia (Bizkaia).

Tres jóvenes, dos de ellos de 21 y 25 años y el tercero menor de edad, han sido detenidos esta noche por desórdenes públicos en los incidentes registrados en Plentzia (Bizkaia).

Para ver el video accede a la siguiente dirección web:

https://www.msn.com/es-us/video/other/tres-detenidos-por-desorden-p%C3%BAblico-en-las-no-fiestas-de-plentzia-bizkaia/vi-AANYTHQ

Tratado sobre delincuencia juvenil y responsabilidad penal del menor (2021).

Esta obra colectiva constituye, sin duda, la contribución más ambiciosa a la bibliografía jurídica española sobre la responsabilidad penal del menor. Compendia la perspectiva legal y judicial tras 20 años de la aprobación de la Ley del menor.

Con **más de setenta autores** de múltiples disciplinas, podrás aprender y disfrutar de esta apasionante materia.

Test

1. **¿Cuál ha sido la condena que le ha impuesto al menor la Magistrada del juzgado de Menores de Murcia por el delito de desórdenes públicos?**
   a) 3 meses de internamiento cerrado.
   b) 3 meses de internamiento abierto.
   c) 3 meses de libertad vigilada.
   d) 200 horas de prestaciones en beneficio de la comunidad.

   RESPUESTA: **La D, La titular del juzgado de Menores número 2 de Murcia condena a 200 horas de prestaciones en beneficio de la comunidad.**

2. **Para el Tribunal Supremo la paz pública es:**
   a) La normalidad de la convivencia por un uso pacífico de los derechos, especialmente los derechos fundamentales.
   b) El funcionamiento normal de las instituciones y de los servicios.
   c) No puede subsistir en condiciones de un cierto desorden.
   d) Todas son correctas.

   RESPUESTA: **La A, para el Alto Tribunal la paz pública hace referencia a la normalidad de la convivencia por un uso pacífico de los derechos, especialmente los derechos fundamentales.**

3. **El orden público material o en sentido restringido:**
   a) Es un concepto elaborado doctrinal y jurisprudencialmente.
   b) Es el utilizado habitualmente en el lenguaje coloquial al relacionarlo con las funciones propias de las Fuerzas y Cuerpos de Seguridad del Estado que se identifican con la preservación de la seguridad ciudadana.
   c) A y B son correctas.
   d) A y B son incorrectas.

   RESPUESTA: **La B, es el utilizado habitualmente en el lenguaje coloquial al relacionarlo con las funciones propias de las Fuerzas y Cuerpos de Seguridad del Estado que se identifican con la preservación de la seguridad ciudadana.**

4. **El bien jurídico del art. 557 del CP es:**
   a) Los valores Constitucionales.
   b) La vida.

c) La paz pública.
d) La seguridad e independencia del Estado.

RESPUESTA: La C, es la paz pública (ABADÍAS SELMA 2022, p. 695)

5. El sujeto pasivo del art. 557 del CP es:

a) Siempre un menor.
b) La comunidad en general, y en particular las personas que sufren la violencia concreta.
c) Las personas en general, y en particular la comunidad que sufre la violencia concreta.
d) El Estado.

RESPUESTA: La B, es la comunidad en general, y en particular las personas que sufren la violencia concreta.

6. Si no concurren los elementos exigidos por el tipo, la alteración del orden público será integrada en el caso de las infracciones contenidas:

a) 36 LOPSC.
b) 37 CC.
c) 38 LOPSC.
d) 38 CP.

RESPUESTA: La A, la alteración del orden público será integrada en el caso de las infracciones contenidas en el art. 36 de la Ley Orgánica 4/2015, de 30 de marzo, de protección de la seguridad ciudadana.

7. Según el Tribunal Supremo para que exista actuación grupal:

a) No es necesaria la concurrencia de una cierta estructuración asociativa entre los participantes.
b) Basta con que haya un acuerdo, aunque sea improvisado y súbito, que obedezca a la finalidad de atentar contra la paz pública.
c) A y B son correctas.
d) A y B son incorrectas.

RESPUESTA: La C, «Para que exista el elemento plurisubjetivo o la existencia del grupo no es necesaria la concurrencia de una cierta estructuración asociativa entre los participantes, basta con que haya un acuerdo, aunque sea improvisado y súbito, que obedezca a la finalidad de atentar contra la paz pública».

8. Tradicionalmente la conducta central de desórdenes públicos se ha caracterizado en nuestro derecho penal por su representación grupal, configurándose como un delito de tipicidad:

a) Unipersonal.
b) Pluripersonal.
c) Personal.
d) Todas son falsas.

RESPUESTA: La B, tradicionalmente la conducta central de desórdenes públicos se ha caracterizado en nuestro derecho penal por su representación grupal, configurándose como un delito de tipicidad pluripersonal.

9. La diferencia entre la violencia constitutiva del tipo básico de desórdenes públicos y la que da lugar al delito de riña tumultuaria radica, precisamente:

a) En el sujeto activo de la acción.
b) En el sujeto pasivo de la acción.
c) En el sujeto activo y pasivo de la acción.
d) En la culpabilidad.

RESPUESTA: La B, la diferencia entre la violencia constitutiva del tipo básico de desórdenes públicos y la que da lugar al delito de riña tumultuaria radica, precisamente, en el sujeto pasivo de la acción.

10. No es infrecuente que se produzcan desórdenes públicos con ocasión del ejercicio del derecho de reunión contemplado:

a) Art. 11 CP.
b) Art. 21 CP.
c) Art. 21 CE.
d) Art. 11 CE.

RESPUESTA: La C, no es infrecuente que se produzcan desórdenes públicos con ocasión del ejercicio del derecho de reunión contemplado en el artículo 21 de la Constitución Española.

TEMA XII.

VIOLENCIA FILIO-PARENTAL

VIOLENCIA FILIO-PARENTAL

Introducción y objetivos

Conceptos y teorías criminológicas	Características de la VFP	Tipos de VFP

«Conductas reiteradas de violencia física, psicológica (verbal o no verbal) o económica dirigidas a las y los progenitores o a aquellas personas que ocupen su lugar. Se excluyen las agresiones puntuales, las que se producen en un estado de disminución de la conciencia y que desaparecen cuando esta se recupera (intoxicaciones, síndromes de abstinencia, estados delirantes o alucinaciones), las causadas por alteraciones psicológicas (transitorias o estables) (el autismo o la deficiencia mental severa) y el parricidio sin historia de agresiones previas».

REINSERCIÓN DEL MENOR INFRACTOR

1. Introducción y objetivos

Una menor agrede a su padre y le amenaza con un cuchillo por decirle que fuera al colegio en Murcia

El hombre se escondió en un cuarto de baño de la vivienda y llamó por teléfono a la Policía Local para pedir ayuda e informar de la actitud violenta de su hija

Fuente: https://www.laverdad.es/murcia/ciudad-murcia/menor-agrede-padre-20220118130533-nt.html

Los hechos se produjeron sobre las nueve de la mañana cuando el padre, de mediana edad, instó a su hija a que fuera a clase, a lo que ella se opuso. En esos momentos, comenzó una discusión entre ambos y la chica propinó varios puñetazos a su progenitor y le amenazó con un cuchillo.

Para saber más, accede a la siguiente dirección web:

https://www.laverdad.es/murcia/ciudad-murcia/menor-agrede-padre-20220118130533-nt.html

ABADÍAS SELMA y PEREIRA TERCERO son dos autores destacados por sus investigaciones en este tipo de violencia

Los objetivos de aprendizaje de esta unidad son los siguientes:

- Trazar las líneas de la violencia filio-parental.
- Conocer los elementos distintivos de esta clase de violencia.
- Introducirnos en los diferentes tipos de violencia filio-parental.
- Cómo se concibe en la doctrina la reinserción del menor.

2. Concepto y teorías criminológicas

CHINCHILLA, GASCÓN, GARCÍA y OTERO (2005) hablan de la violencia filio-parental (en adelante VFP) como un «fenómeno emergente» y recogen en su estudio una definición en la que se señala que los protagonistas de la VFP son aquellos niños o adolescentes que maltratan a su madre y/o padre sin padecer ningún tipo de enfermedad mental. Los mismos autores se refieren también a los nietos que agreden a sus abuelos ampliando así el concepto.

GARRIDO GENOVÉS (2005) acuñó el término del «Síndrome del emperador» para referirse a niños maltratadores de sus padres con ausencia de conciencia y hace especial referencia a los factores genéticos.

Uno de los investigadores pioneros en la VFP en nuestro país es PEREIRA TERCERO (2006) que habla de la VFP refiriéndose a las conductas reiteradas de violencia física (agresiones, golpes, empujones, arrojar objetos...) y/o verbal (gestos amenazadores, ruptura de objetos preciados) dirigida a los padres o adultos que ocupen su lugar.

La definición y alcance de lo que es el fenómeno de la VFP sigue sin ser una cuestión pacífica o cerrada. Desde la Sociedad para el Estudio de la Violencia Filio-Parental (SEVIFIP) se creó un grupo de trabajo coordinado por (PEREIRA TERCERO 2017 *et al.,* p. 220.) con la intención de alcanzar un consenso al respecto:

> «Conductas reiteradas de violencia física, psicológica (verbal o no verbal) o económica dirigidas a las y los progenitores o a aquellas personas que ocupen su lugar. Se excluyen las agresiones puntuales, las que se producen en un estado de disminución de la conciencia y que desaparecen cuando esta se recupera (intoxicaciones, síndromes de abstinencia, estados delirantes o alucinaciones), las causadas por alteraciones psicológicas (transitorias o estables) (el autismo o la deficiencia mental severa) y el parricidio sin historia de agresiones previas».

En España la investigación en VFP no ha cesado, y ya podemos afirmar que se trata de un país en el que se ha investigado mucho y se sigue investigando (ABADÍAS SELMA 2020, p. 125).

ABADÍAS SELMA (2017) realizó un análisis penal y criminológico con una profusa investigación sobre los recursos y programas existentes en España para el abordaje de esta problemática.

La VFP, en los últimos años es un problema social del que se habla, pero que, en la gran mayoría de los casos, las familias lo esconden por vergüenza, impotencia, sentimientos contradictorios, miedos a las consecuencias, etc. Incluso ha habido programas de televisión que han convertido a la VFP como tema principal consiguiendo audiencias millonarias (ABADÍAS SELMA, 2020, P.126).

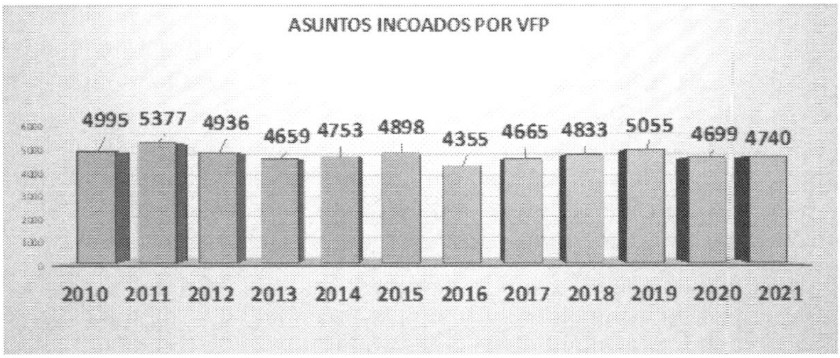

Fuente: Elaboración propia, datos extraídos de las memorias de la FGE.

3. Características de la violencia filio-parental

La VFP tiene una serie de características que van repitiéndose, a saber (Abadías Selma 2020a, pp. 15 y ss.):

➜ **Dificultad de detención** del problema por parte de personas ajenas al núcleo familiar.

➜ **Naturalización**. Hay ciertos comportamientos que se entienden como normales dentro de una familia y que no debieran confundirse ni justificarse con auténticas formas de violencia.

➜ **Insensibilización**. Hoy en día estamos expuestos a tal cantidad de *inputs* de carácter violento que pueden producir en los miembros de una familia una creciente insensibilización ante realidades violentas. Televisión, *reality shows*, cine, Internet... pueden hacer que escenas violentas lleguen a formar parte de nuestra vida como algo normal y cotidiano.

➜ **Encubrimiento**. Cuando se produce violencia dentro de la familia se suele producir el fenómeno del encubrimiento por parte de alguno o algunos de sus miembros al efecto de que no se rompa la supuesta unidad y estabilidad familiar y el prestigio de la familia no quede en entredicho, además siempre está el pudor de quedar mal con el núcleo social.

➜ **Atmósfera de terror**. Señalamos que para poder hablar de VFP no hace falta acreditar una serie de episodios cometidos en un espacio de tiempo. Solo es necesario que el sujeto activo imponga una atmósfera de terror en lo que debería ser un espacio de paz y seguridad, como es la familia (Abadías Selma 2022).

Audiencia Provincial de Valencia (Sección 5.ª) Auto núm. 71/2019 de 23 enero

«En este estado de cosas, nos encontramos con un menor que tiene un carácter violento, que tiene un enfrentamiento abierto con madre, a la que tiene atemorizada. No es argumento el que Adriano no tenga antecedentes por hechos semejantes, ya que en algunas ocasiones no se han incoado diligencias por ser menor de 14 años, y en otras su madre no ha querido declarar en contra de su hijo».

4. Tipos de violencia filio-parental

Cualquier tipo de violencia en la familia puede ser ejercida por los menores contra sus padres y ascendientes, se puede hacer una clasificación en tres grandes tipos (Abadías Selma 2020):

➔ **Física**: Actos que atentan o agreden el cuerpo de la persona tales como empujones, bofetadas, puñetazos, patadas, etc.

Sentencia Audiencia Provincial de León 114/2019, 11 de marzo de 2019

«Eulalio, en el domicilio familiar, León, tras discutir con su madre Yolanda y arrebatarle el teléfono la empujó, cayendo esta al suelo y mordiéndola en la zona lumbar, siendo asistida médicamente».

➔ **Psicológica**: Actitudes que tienen por objeto causar temor, intimidar, y controlar las conductas, sentimientos y pensamientos de la persona a quién se está agrediendo como las descalificaciones, insultos, control, etc. (Berkowitz 1990, pp. 494- 503).

➔ **Económica**: No cubrir las necesidades básicas de la persona y ejercer control a través de recursos económicos. Pensemos aquí en menores que ganan dinero y que se refuerzan así ante sus progenitores en situaciones de escasez económica, se sienten fuertes y se enfrentan a sus progenitores alegando el típico «salgo y me compro esto o aquello porque me lo pago yo (...)». Están los casos de facturas cuantiosas que generan el consumo de móviles, deudas procedentes de trapicheo de drogas, roturas de cosas de la casa en momentos de ira descontrolada, etc.

Audiencia Provincial de Madrid (Sección 4.ª) Auto núm. 625/2019 de 16 septiembre

«(...) en fecha 20 de agosto de 2.019, a insultar, amenazar de muerte y acorralar en el cuarto de baño a su madre, ante la negativa de esta última a darle dinero; hechos que habrían tenido lugar, en ambos casos, en el interior del domicilio familiar, sin que la menor haya negado tales hechos ante la Fiscalía de Menores, habiéndose acogido a su derecho a guardar silencio».

Agustina Sanllehí y Romero Blasco (2013) nos mencionan el cuarto tipo de violencia que sería el maltrato sexual, aunque lo consideran infrecuente (por ejemplo, el posible abuso sexual de un hijo hacia su madrastra mientras permanece dormida).

5. Reinserción del menor infractor

Según la RAE el término reinserción es la «Acción y efecto de reinsertar» y reinsertar es «Volver a integrar en la sociedad a alguien que estaba condenado penalmente o marginado».

Abadías Selma (2017, p. 147) entiende que reinsertar a un menor, es crear las condiciones necesarias en su persona y en su entorno familiar y social, para que este pueda desarrollarse en nuestra sociedad plenamente integrado.

El art. 25 CE señala: «Las penas privativas de libertad y las medidas de seguridad estarán orientadas hacia la reeducación y reinserción social y no podrán consistir en trabajos forzados (...)».

En la legislación de menores se ha optado por la prevención especial positiva (Abadías Selma 2017, p.157).

En la doctrina penal clásica, el más significativo representante de la teoría de la prevención especial fue Franz Von Liszt (1851-1919) quien sostuvo que la pena desempeña tres cometidos esenciales de prevención, según la clase de delincuente de que se trate:

- Una función de prevención especial positiva, consistente en la corrección o mejora del delincuente capaz y necesitado de corrección, esto es, el delincuente primerizo o principiante de la carrera criminal.
- Un cometido de prevención especial negativa, que se cifra en intimidación del delincuente no necesitado de corrección es el delincuente ocasional.
- Una finalidad de prevención especial neutralizante, cuyo cometido es la inocuización del delincuente no es susceptible de corrección, se trata del delincuente habitual.

En la moderna doctrina la teoría de la prevención especial es defendida por varios autores y se identifica con el pensamiento de la reeducación o reinserción social del delincuente, idea que se recoge en las Constituciones de muchos países (Polaino Navarrete 2019, p. 43)

Serrano Gómez y Serrano Maíllo (2012, p. 34) afirman que: «Las medidas de la Ley Penal del Menor tienen carácter educativo, no son represivas, sino, preventivo-especiales orientadas a la reinserción».

6. Abordaje de la violencia filio-parental desde el derecho penal

Entendemos que con la VFP se está afectando al derecho a la vida y a la integridad física y moral que recoge el artículo 15 de la Constitución española, que además proscribe los tratos inhumanos o degradantes (Abadías Selma 2021, p.431).

Actualmente nuestro Código Penal no recoge la figura de la violencia filio-parental, por lo que es necesario englobar este tipo de conductas en otros tipos penales existentes (Leal Ruiz, 2020). Los tipos penales que se pueden aplicar a esta problemática son los siguientes:

- **Amenazas**: En el Capítulo II, del Título VI, arts. 169 a 171 CP se recogen una serie de conductas, calificadas genéricamente como amenazas. Tradicionalmente se ha entendido que la amenaza consiste en el anuncio de causar a otro o a su familia un mal en su persona, honor o propiedad, de manera que el núcleo del delito es la exteriorización del propósito de causar un mal (Gómez Rivero, *et al.* 2020).

- **Coacciones**: Su tipo básico está tipificado en el artículo 172.1 CP, que castiga a quien, con violencia o intimidación, impidiera a otro realizar lo que la ley no prohíbe, o le compeliere a efectuar algo que no quiere, sea justo o injusto (ABADÍAS SELMA, 2022a).
- Art. 172.3 CP: coacciones leves donde las víctimas sean las personas contempladas en el 173.2 CP.
- **Delito de maltrato en el ámbito familiar, art.153 CP**: fue introducido por la reforma de la Ley Orgánica 11/2003, de 29 de septiembre, y modificado por la Ley Orgánica 1/2004 de 28 de diciembre. La reforma del Código Penal llevada a cabo por la LO 1/2015 ajustó su contenido a la supresión de las antiguas faltas y su sustitución por los delitos leves. La finalidad del artículo es castigar como delitos menos graves supuestos que de otra forma serían constitutivos de un delito leve de los apartados 2.° y 3.° del artículo 147 CP: causar a otro por medio o procedimiento menoscabo psíquico o una lesión no definidos como delito en el CP, o golpear o maltratar de obra a otro sin causarle lesión. La conducta tiene que realizarse contra los sujetos del artículo 173.2.° CP.

Audiencia Provincial de Cádiz (Sección 4.ª) Sentencia núm. 249/2019 de 30 septiembre

«El menor Benigno, cuando convivía con su padre Cesar, el día 2 de noviembre de 2018, sobre las 15:00 horas, cuando el padre estaba sentado en la puerta de la casa, le dio varios golpes con la mano en la cara y en la espalda, sin que conste que le causase lesión».

El art. 153.2 CP trata de un tipo atenuado respecto al art. 153.1 y se prevé para los casos en que el sujeto pasivo pertenezca a las personas contempladas en el 173.2 excepto la del «cónyuge» y a la persona que hubiese podido estar ligada al sujeto activo por «una análoga relación de afectividad».

- **Violencia física o psíquica habitual en el ámbito de relaciones familiares**: se agravará la pena cuando los actos de violencia se perpetren en presencia de menores, utilizando armas, o tengan lugar en el domicilio común o en el domicilio de la víctima (art. 173.2 CP).
- **La vejación**: de carácter leve constituye el escalón más bajo de los delitos contra la integridad moral. Este tipo de comportamiento es la antesala de una violencia habitual y se encuentra recogido en el artículo 173.4 CP: «Quien cause injuria o vejación injusta de carácter leve, cuando el ofendido fuera una de las personas a las que se refiere el apartado 2 del artículo 173 (...)».

Asimismo, los padres (recordemos que son las víctimas) pueden optar por la dispensa legal de la obligación de declarar recogida en el artículo 416 de la Ley de Enjuiciamiento Criminal.

7. Referencias bibliográficas

Abadías Selma, A., *La violencia filio-parental y la reinserción del menor infractor*. Bosch, Barcelona, 2017.

Abadías Selma, A., «La visión penal de la violencia filio-parental en España: un panorama desigual», en *La violencia filio-parental, una visión interdisciplinar*, Abadías Selma, A. y Pereira Tercero, R. (coords.) Bosch, Barcelona, 2020.

Abadías Selma, A., *Violencia filio-parental, cuestiones penales y criminológicas. Temas para su estudio*. Editorial Colex, A Coruña, 2020a.

Abadías Selma, A., «La violencia filio-parental o la vergüenza de los menores del bienestar: padres y madres como colectivos vulnerables», en *Tratado sobre delincuencia juvenil y responsabilidad penal del menor. A los 20 años de la Ley Orgánica 5/2000, de 12 de enero, reguladora de la responsabilidad penal de los menores*, Abadías Selma, A., Cámara Arroyo, S. y Simón Castellano, P. (coords). Wolters Kluwer, Madrid, 2021.

Abadías Selma, A., *La violencia filio-parental: padres y madres como colectivos vulnerables en los tiempos de la COVID-19*, en edición, 2022.

Abadías Selma, A., *Derecho penal. Parte especial. Temas prácticos para su estudio*, 2° edición. Editorial Colex, A Coruña, 2022a.

Agustina Sanllehí, J.R. y **Romero Blasco, F.**, «Análisis criminológico de la violencia filio-parental», en *UNED. Revista de Derecho Penal y Criminología*, 2013. Disponible en: http://e-spacio.uned.es/fez/collection/bibliuned:revistaDerechoPenalyCriminologia-2013-9

Chinchilla, Mª. J., Gascón, E., García, J. y **Otero, M.**, *Un fenómeno emergente: Cuando el menor descendiente es el agresor*, 2005. Disponible en: https://studylib.es/doc/5987512/un-fen%C3%B3meno-emergente--cuando-el-menor-descendiente-es-el.

Garrido Genovés, V. *Los hijos tiranos: El síndrome del emperador*. Ariel, Barcelona, 2005.

Gómez Rivero, Mª C., Nieto Martín, A., Cortés Bechiarelli, E. y **Núñez Castaño, E.** (2020). *Nociones fundamentales de Derecho Penal. Parte especial*. Tecnos. Madrid.

Leal Ruiz, R., «La violencia filio-parental ante una precisa reforma legislativa en España», en *Derecho y Cambio Social* n.º 63, 2021. Disponible en: https://www.derechoycambiosocial.com/revista063/451.pdf

Pereira Tercero, R., Loinaz Calvo, I., Del Hoyo Bilbao, J., Arrospide Erkoreka, J., Bertino Menna, L., Calvo Álvarez, A., Montes, Y. y **Gutiérrez, M. M.**, «Propuesta de definición de violencia filio-parental: consenso de la sociedad española para el estudio de la violencia filio- parental», en *(SEVIFIP) Papeles del Psicólogo*, 2017. Disponible en: http://www.papelesdelpsicologo.es/pii?pii=2839.

Polaino Navarrete, M., *Lecciones de derecho penal. Parte general*, 4ª edición. Tecnos, Madrid, 2019.

Serrano Gómez, A. y **Serrano Maíllo, Mª I.** *El mandato constitucional hacia la reeducación y reinserción social*. Dykinson, Madrid, 2012.

Jurisprudencia

- Audiencia Provincial de Cádiz (Sección 4ª) Sentencia núm. 249/2019 de 30 septiembre.
- Audiencia Provincial de León Sentencia 114/2019, 11 de marzo de 2019.
- Audiencia Provincial de Madrid (Sección 4ª) Auto núm. 625/2019 de 16 septiembre.
- Audiencia Provincial de Valencia (Sección 5ª) Auto núm. 71/2019 de 23 enero.

Legislación

- Constitución Española, «BOE» núm. 311, de 29/12/1978.
- Ley Orgánica 10/1995, de 23 de noviembre, del Código Penal. «BOE» núm. 281, de 24/11/1995.
- Ley Orgánica 5/2000, de 12 de enero, reguladora de la responsabilidad penal de los menores. «BOE» núm. 11, de 13 de enero de 2000.

A fondo

La violencia filio-parental. Una visión interdisciplinar.

Se trata de una obra de gran interés científico para varias disciplinas del saber, y también para las familias que padecen la VFP.

Puedes adquirir el libro desde la siguiente dirección web:

https://libreriabosch.com/Shop/Product/Details/43036_la-violencia-filio-parental-una-vision-interdisciplinar

Violencia filio-parental. Cuestiones penales y criminológicas.

Se trata de una obra de carácter divulgativo que puede resultar de mucho interés a padres y madres que precisan conocer el fenómeno de la violencia filio-parental.

Puedes adquirir el libro desde la siguiente dirección web:

https://www.colex.es/libros/violencia-filio-parental-cuestiones-penales-criminologicas-paso-paso-1468

Violencia filio-parental y la reinserción del menor infractor.

Lo más novedoso de esta obra es el estudio sobre los recursos y programas que existen en España para el abordaje específico de la VFP.

Se muestra cuál es la situación real en nuestro país cuando unos padres han de acudir en busca de ayuda porque la VFP está dañando a su familia de forma descarnada.

Puedes adquirir el libro desde la siguiente dirección web:

https://libreriabosch.com/Shop/Product/Details/32540_la-violencia-filio-parental-y-la-reinsercion-del-menor-infractor

Derecho penal. Parte especial. Temas prácticos para su estudio.

La presente obra contiene una estructura de análisis de cada delito muy meditada y a la vez sencilla e intuitiva, y se nutre de la mejor doctrina científica y jurisprudencia reciente. La obra dispone de diversos recursos audiovisuales que se proponen para que quien quiera estudiar esta apasionante materia pueda ampliar sus conocimientos de forma rigurosa y amena.

Puedes adquirir el libro desde la siguiente dirección web:

https://www.colex.es/libros/derecho-penal-especial-temas-practicos-estudio-3089

Test

1. **La definición de Chinchilla, Gascón, García y Otero sobre la VFP:**
   a) Son aquellos niños o adolescentes que maltratan a su madre y/o padre sin padecer ningún tipo de enfermedad mental.
   b) Son aquellos niños o adolescentes que maltratan a su madre y/o padre que padece algún tipo de enfermedad mental.
   c) También entra en este tipo de violencia los nietos que agreden a sus abuelos ampliando así el concepto.
   d) A y C son correctas.

   RESPUESTA: La D, Chinchilla, Gascón, García y Otero (2005) hablan de la violencia filio-parental (en adelante VFP) como un «fenómeno emergente» y recoge en su estudio una definición en la que se señala que los protagonistas de la VFP son aquellos niños o adolescentes que maltratan a su madre y/o padre sin padecer ningún tipo de enfermedad mental. Los mismos autores se refieren también a los nietos que agreden a sus abuelos ampliando así el concepto.

2. **El término del Síndrome del Emperador lo acuño:**
   a) Pereira Tercero.
   b) Abadías Selma.
   c) Garrido Genovés.
   d) Cámara Arroyo.

   RESPUESTA: La C, Garrido Genovés (2005) acuñó el término del «síndrome del emperador» para referirse a niños maltratadores de sus padres con ausencia de conciencia y hace especial referencia a los factores genéticos.

3. **La definición y alcance de lo que es el fenómeno de la VFP es:**
   a) Una cuestión pacífica o cerrada.
   b) Sigue sin ser una cuestión pacífica o cerrada.
   c) Es una cuestión donde la doctrina ha llegado a un consenso.
   d) Todas son falsas.

   RESPUESTA: La B, la definición y alcance de lo que es el fenómeno de la VFP sigue sin ser una cuestión pacífica o cerrada.

4. **El autor que realizó un análisis penal y criminológico con una profusa investigación sobre los recursos y programas existentes en España para el abordaje de esta problemática fue:**
   a) Pereira Tercero.
   b) Abadías Selma.

c) GARRIDO GENOVÉS.
d) CÁMARA ARROYO

RESPUESTA: La B, ABADÍAS SELMA (2017) realizó un análisis penal y criminológico con una profusa investigación sobre los recursos y programas existentes en España para el abordaje de esta problemática.

5. La VFP tiene una serie de características la cuales son:

a) Dificultad de detención, naturalización, insensibilización, encubrimiento y atmósfera de terror.
b) Dificultad de detención, naturalización, sensibilización, encubrimiento y atmósfera de terror.
c) Facilidad de detención, naturalización, insensibilización, encubrimiento y atmósfera de terror.
d) Dificultad de detención, naturalización, insensibilización, descubrimiento y atmósfera de terror.

RESPUESTA: La A, según ABADÍAS SELMA (2020ª) la VFP tiene una seri de características que van repitiéndose, a saber: Dificultad de detención, naturalización, insensibilización, encubrimiento y atmósfera de terror.

6. ¿Cuántos tipos de violencia en la familia puede ser ejercida por los menores?

a) Solo dos.
b) Solo tres.
c) Puede llegar hasta cuatro.
d) Solo una.

RESPUESTA: La C, Se pueden clasificar en tres grandes tipos; física, psicológica, económica y aunque menos frecuente sexual.

7. ¿En cuál artículo del CE se contemplan que «Las penas privativas de libertad y las medidas de seguridad estarán orientadas hacia la reeducación y reinserción social y no podrán consistir en trabajos forzados (...)»?

a) Art. 14.
b) Art. 25.
c) Art. 18.
d) Art. 7.

RESPUESTA: La B, artículo 25 CE.

8. La legislación de menores ha optado por:

a) Prevención especial negativa.
b) Prevención especial neutralizante.
c) Todas son verdaderas.
d) Prevención especial positiva.

RESPUESTA: La D, La legislación de menores se ha optado por la prevención especial positiva (ABADÍAS SELMA 2017, p.157).

9. Actualmente el CP recoge la figura de la violencia filio-parental en:

a) Art. 145 CP
b) Art. 150 CP
c) Todas son falsas.
d) Art. 178 CP.

RESPUESTA: La C, actualmente nuestro Código Penal no recoge la figura de la violencia filio-parental, por lo que es necesario englobar este tipo de conductas en otros tipos penales existentes (LEAL RUIZ, 2020).

10. El art. 153.2 CP respecto del art. 153.1 es:

a) Un tipo básico.
b) Un tipo atenuado.
c) Un tipo agravado.
d) Un tipo hiperagravado.

RESPUESTA: La B, El art. 153.2 CP se trata de un tipo atenuado respecto al 153.1 y se prevé para los casos en que el sujeto pasivo pertenezca a las personas contempladas en el 173.2 excepto la del «cónyuge» y a la persona que hubiese podido estar ligada al sujeto activo por «una análoga relación de afectividad».

Made in United States
Orlando, FL
06 November 2026

90301610R00118